광야의 삶은 축복이다

광야의 삶은 축복이다

지은이 | 하용조
초판 발행 | 1998년 9월 8일
개정 1판 1쇄 | 2010년 8월 2일
        13쇄 발행 | 2022. 1. 25.

등록번호 | 제3-203호
등록된 곳 | 서울특별시 용산구 서빙고동 95번지
발행처 | 사단법인 두란노서원
영업부 | 2078-3333 FAX 080-749-3705
출판부 | 2078-3477

▌책 값은 뒤표지에 있습니다.
 ISBN 978-89-531-1361-9   03230

▌독자의 의견을 기다립니다.
 tpress@duranno.com   http://www.Duranno.com

▌이 책의 본문은 개역개정 성경을 사용했습니다.

광야의 삶은 축복이다

하용조 지음

두란노

차 례

서 문

하나님께서는 나의 첫 번째 안식년 동안 "성령 사역으로 돌아가라"는 말씀을 묵상하게 하시더니 두 번째 안식년 기간에는 나의 마음 깊은 곳에서 "광야의 삶은 축복이다"라는 말씀을 묵상하게 하셨습니다.

"하나님은 자기의 사랑하는 백성에게 왜 고난을 허락하시며 광야의 길을 걷게 하시는가?" "과연 광야의 삶은 축복인가?"라는 질문을 계속했습니다. 묵상하는 가운데 얻은 해답은 "광야 속에 계시는 그리스도"를 만나기 위해서였습니다. 광야는 사람이 살수 없는 곳이요, 버려진 땅입니다. 그러나 그곳에는 고난과 함께 영광의 주님이 계십니다. 그래서 광야는 축복의 땅이요, 은총의 땅입니다.

안식년을 보내고 돌아온 저는 일곱 번에 나누어 이 말씀을 성도들과 나누었습니다. 그것은 실로 놀라운 은혜였습니다.

최근에 나는 창세기를 강해하면서 비슷한 은혜를 체험하고 있습니다. 그것은 노아의 방주가 광야처럼 하나님의 은혜의 자리라는 사실입니다. 어찌 그 답답한 방주가 은혜의 자리이겠습니까? 밖을 내다볼 수 없고, 일 년 동안 수많은 짐승들과 방주 안에 갇혀 살아야 했습니다. 그러나 방주는 홍수로 인해 온 세상이 물에 잠겼을 때, 유일하게 안전한 곳이었습니다. 방주는 노가 없고 돛이 없다는 것 말고도 방향키가 없고 나침반이 없다는 특징이 있습니다. 방주는 바람 부는 대로 물결치는 대로 가야 합니다.

그러나 생각해 보십시오. 그 방주의 항해사가 하나님이시라면 이보다 더 안전한 곳이 어디 있겠습니까? 사실 소돔과 고모라는 결코 안전한 곳이 아닙니다. 오히려 버려진 광야가 더 안전한 곳이요, 하나님을 만나는 장소입니다.

광야에는 그리스도가 있습니다. 그분은 쓴 물을 단물로 변화시키시며 하늘에서 만나를 비같이 내려 주시고 반석에서 샘물을 나게 하십니다. 그분은 말씀으로 오셔서 율법이 되어 주시고 지

치고 상한 심령을 치유하시며 허물과 죄를 용서하시는 성막이 되십니다. 그분은 길을 잃어버린 인생의 불 기둥과 구름 기둥이십니다. 그래서 광야의 삶은 축복이요, 광야의 삶은 아름답습니다. 광야에 우뚝 서 계신 그리스도를 만나 보시지 않겠습니까?

신앙생활의 가장 큰 비극은 고통스러운 환경이 아니라 그 안에 계신 그리스도를 보지 못하는 데에 있습니다.

항상 고난 가운데서 나를 격려해 준 아내와 출판부 식구들에게 감사를 드립니다.

하용조 목사

1장

광야의 삶은
아름답다

광야의 길을 걷게 하신 분은 하나님입니다.
하나님께서 하셨다면 그것은 좋은 것입니다.
우리는 광야가 축복이라는 사실을 인정할 수 있어야 합니다.

신명기 8:1-10

내가 오늘 명하는 모든 명령을 너희는 지켜 행하라 그리하면 너희가 살고 번성하고 여호와께서 너희의 조상들에게 맹세하신 땅에 들어가서 그것을 차지하리라 네 하나님 여호와께서 이 사십 년 동안에 네게 광야 길을 걷게 하신 것을 기억하라 이는 너를 낮추시며 너를 시험하사 네 마음이 어떠한지 그 명령을 지키는지 지키지 않는지 알려 하심이라 너를 낮추시며 너를 주리게 하시며 또 너도 알지 못하며 네 조상들도 알지 못하던 만나를 네게 먹이신 것은 사람이 떡으로만 사는 것이 아니요 여호와의 입에서 나오는 모든 말씀으로 사는 줄을 네가 알게 하려 하심이니라 이 사십 년 동안에 네 의복이 해어지지 아니하였고 네 발이 부르트지 아니하였느니라 너는 사람이 그 아들을 징계함같이 네 하나님 여호와께서 너를 징계하시는 줄 마음에 생각하고 네 하나님 여호와의 명령을 지켜 그의 길을 따라가며 그를 경외할지니라 네 하나님 여호와께서 너를 아름다운 땅에 이르게 하시나니 그곳은 골짜기든지 산지든지 시내와 분천과 샘이 흐르고 밀과 보리의 소산지요 포도와 무화과와 석류와 감람나무와 꿀의 소산지라 네가 먹을 것에 모자람이 없고 네게 아무 부족함이 없는 땅이며 그 땅의 돌은 철이요 산에서는 동을 캘 것이라 네가 먹어서 배부르고 네 하나님 여호와께서 옥토를 네게 주셨음으로 말미암아 그를 찬송하리라.

이 세상에서의 삶은 광야에 비교할 수 있습니다. 폭풍과 비바람이 끊이지 않고, 서로 속고 속이며, 싸움과 전쟁을 해야만 살아남을 수 있는 험악한 삶의 터전입니다. 이스라엘 백성도 출애굽 후에 이런 광야를 통과해야만 했습니다. 그러나 하나님께서는 광야에 기가 막힌 축복의 비밀들을 숨겨 놓으셨습니다.

광야에서 만난 하나님

하나님께서 광야에서 베푸신 첫 번째 축복이자 기적은 물이 없어 목말라하는 이스라엘 백성들을 위해 쓴 물을 '단물'로 바꾸신 사건입니다. 또한 먹을 것이 없었을 때는 '만나'를 내려 주셨습니다. 60만 명이나 되는 이스라엘 백성이 사막과 골짜기에서 40년을 지내는 동안 하나님께서는 매일 먹을 것을 풍성히 주셨습니다.

또한 광야에서 아말렉 적군을 만났을 때는 '중보 기도'의 비밀을 가르쳐 주시고 이스라엘을 승리로 이끌어 주셨습니다.

하나님과 함께할 때 필요한 모든 것을 공급받을 수 있었고, 전쟁에서 승리할 수 있었습니다. 이처럼 진정한 행복은 정신적이고 영적인 데 있습니다. 아무리 육체적으로 힘들고, 어려운 환경 가운데 놓여 있다고 해도, 하나님 안에서 영적으로 강건하다면 우리는 행복할 수 있습니다.

하나님은 이스라엘 백성이 계속 하나님과 동행할 수 있도록 '율법'이라는 복을 주셨습니다. 그러나 율법으로 다 만족할 수는 없었습니다. 율법은 완전한 것이지만 연약한 우리는 그 율법을 다 지킬 수 없기 때문입니다. 그래서 율법 때문에 절망한 인간, 죄를 지은 인간에게 하나님께서는 '성막'이라는 제도를 주셨습니다. 이를 통해 예수 그리스도를 만날 수 있도록 해주셨습니다.

마지막으로 출애굽의 절정은 '구름 기둥'과 '불 기둥'입니다. 이스라엘 백성이 갈 바를 알지 못하였을 때, 하나님께서는 구름 기둥과 불 기둥으로 그들을 인도하셔서 그 험악한 광야를 기가 막힌 축복의 장소로 바꾸셨습니다.

학창 시절, 소풍 가서 '보물찾기'를 해 본 경험이 있습니까? 하나님께서는 광야에 우리에게 필요한 보물을 숨겨 놓으셨습니다. 그렇기 때문에 광야에서의 삶은 너무나 고통스럽고 저주스럽지만, 그곳에서 보물을 발견하는 사람에게는 흥분이고 축복입니다. 이제 여러분도 하나님께서 광야에 숨겨 놓으신 보물들을 찾고 복을 받으시기 바랍니다.

거룩한 백성을 만드시는 하나님

광야의 삶은 저주가 아니라 축복입니다. 그렇기에 광야의 삶은 아름다운 것입니다.

> 내가 오늘 명하는 모든 명령을 너희는 지켜 행하라 그리하면 너희가 살고 번성하고 여호와께서 너희의 조상들에게 맹세하신 땅에 들어가서 그것을 차지하리라 네 하나님 여호와께서 이 사십 년 동안에 네게 광야 길을 걷게하신 것을 기억하라 이는 너를 낮추시며 너를 시험하사 네 마음이 어떠한지 그 명령을 지키는지 지키지 않는지 알려 하심이라(신 8:1-2).

많은 사람이 '저주'나 '고통'으로 느끼는 광야가 어떻게 축복이 될 수 있습니까? 광야는 끝없는 사막이 이어져 있는, 사람이 살기 어려운 환경을 말합니다. 그런데 '축복'이라니요. 2절을 보면 그 이유를 알 수 있습니다.

> 네 하나님 여호와께서 이 사십 년 동안에 네게 광야 길
> 을 걷게 하신 것을 기억하라.

광야 위를 걷게 하신 분은 하나님이십니다. 이 말 한마디 때
문에 광야는 축복의 땅으로 변합니다. 하나님은 실수가 없으신
좋은 분입니다. 그분의 인자하심은 영원하며 언제나 우리에게 한
없는 축복과 사랑을 부어 주십니다. 하나님의 관심은 심판이나
멸망이 아니고 영생에 있습니다.

> 하나님이 세상을 이처럼 사랑하사 독생자를 주셨으니
> 이는 그를 믿는 자마다 멸망하지 않고 영생을 얻게 하려
> 하심이라(요 3:16).

하나님은 선하시고 실수가 없으십니다. 그런 하나님이 우리
를 광야에 두셨습니다. 그러므로 비록 지금 당장은 고통스럽고 이
해하기 어려울지라도 광야는 축복의 장소인 것입니다.

그러나 이스라엘 백성들은 하나님의 깊고 깊은 사랑과 은혜
를 잘 몰랐습니다. 은혜를 모르는 사람이 할 수 있는 행동이 무엇
이겠습니까? 바로 원망과 불평과 시비입니다. 이스라엘 백성은 많

은 은혜를 받았음에도 불구하고 원망과 불평을 일삼았습니다. 지극히 작은 문제만 생겨도 불평하고, 조금만 배가 고프면 하나님을 원망했습니다.

하나님께서 이스라엘 백성을 광야에 두신 이유는 그들을 겸손하고, 원망과 불평을 하지 않는 하나님의 거룩한 백성으로 만드시기 위함인데, 이 백성들은 무려 40년 동안이나 끊임없이 하나님을 불평하고 원망했습니다.

이스라엘 백성들은 광야에 오기 전까지 수많은 하나님의 기적을 경험했습니다. 그들은 애굽에서 하나님이 내리신 열 가지 재앙과 기적을 직접 눈으로 목격한 사람들입니다. 피 재앙, 개구리 재앙, 마지막에는 장자가 죽는 것도 보았습니다. 그들은 어린 양의 피를 문설주와 인방에 바르고 그 안에 있었기 때문에 죽음이 자신들을 통과하는 것까지 경험한 사람들입니다.

그뿐 아니라 그들은 홍해가 갈라지는 것을 목격하고 그 가운데로 난 길을 걸어서 홍해를 건넜으며, 자신들이 건너고 난 뒤 바다가 다시 합쳐져 애굽의 군인들이 그 물에 빠져 죽는 것을 보았습니다. 그리고 그들은 하나님의 불 기둥과 구름 기둥도 보았습니다.

그러므로 아무리 그럴듯한 이유가 있더라도 원망하고 불평하고 시비하는 일을 그만두어야 합니다. 이스라엘 백성

하나님은 실수가 없으신 좋은 분입니다. 그분의 인자하심은 영원하며 언제나 우리에게 한없는 축복과 사랑을 부어 주십니다. 하나님의 관심은 심판이나 멸망이 아니고 영생에 있습니다.

들은 그러지 못했기 때문에 광야에서 하나님 대신 우상을 만들어 제사를 지내기까지 했습니다. 그 결과 그들은 젖과 꿀이 흐르는 땅을 보지 못했습니다. 출애굽한 이스라엘 백성들 가운데 여호수아와 갈렙을 제외한 1세대는 다 광야에서 죽었습니다. 젖과 꿀이 흐르는 가나안 땅을 밟은 사람들은 2세대들이었습니다.

예수님을 믿는다고 하면서 불평하는 사람이 되지 말아야 합니다. 그런 사람들은 하나님께서 좋아하지 않으십니다. 하나님께서는 어떤 일에든지 감사하고, 감격하고, 기뻐하고, 즐거워하는 사람들에게 복을 주십니다.

아비가 매를 들듯이

자기 중심으로 생각하면 자신의 실수는 보이지 않고 다른 사람이 실수하는 모습만 보게 됩니다. 하지만 하나님 중심으로 생각하면 자신의 잘못이 보입니다.

학교에 가기 좋아하는 학생을 보셨습니까? 학생들은 방학을 제일 좋아합니다. 가끔씩 찾아오는 공휴일은 그들에게 달콤한 휴식입니다. 그런데도 부모들은 학교 가기 싫어하는 자녀들을 학교에 보내려고 애를 씁니다. 왜냐하면 아이들이 성인이 되어 부모의 도움 없이 홀로 세상을 살아가려면 적절한 교육과 훈련을 받아야 하기 때문입니다.

　이처럼 하나님께서도 우리를 '광야'라는 학교에 입학시키시고, 우리가 고통스럽고 힘들어 할 것을 다 아시면서도 우리를 훈련시키십니다. 하나님의 방법으로 세상적인 생각, 습관, 철학, 문화를 깨끗이 청소하시는 것입니다. 그래서 그 사람이 온전히 하나님의 영광을 바라보도록, 젖과 꿀이 흐르는 약속의 땅의 백성이 되도록 만드시는 것입니다.

　우리만 힘든 것이 아니라 하나님도 힘드십니다. 하나님은 그 아들 독생자 예수 그리스도를 십자가에 못 박기까지 우리를 사랑하셨습니다. 그만큼 우리들은 하나님께 소중한 존재입니다.

　하나님께서는 우리를 현재의 수준으로 팽개쳐 두지 않으십니다. 부모가 자녀를 사랑하기 때문에 그 자녀를 위하여 매를 들듯이, 하나님은 우리를 격려하시고 자극하시고 도전하시고 훈련시키셔서 하나님께서 원하시는 성품과 인격과 삶이 만들어질 때까지 양육하십니다.

　이것이 광야 학교입니다. 광야의 길을 걷게 하신 분은 하나님입니다. 하나님께서 하셨다면 그것은 좋은 것입니다. 그러므로 우리는 광야가 축복이라는 사실을 인정할 수 있어야 합니다. 그러면 이 세상이 얼마나 좋은지 모릅니다.

낮추길 원하심

광야의 길이 축복이고, 광야의 삶이 아름다운 두 번째 이유
는 하나님의 위대한 목표가 있기 때문입니다.

네 하나님 여호와께서 이 사십 년 동안에 네게 광야 길
을 걷게 하신 것을 기억하라 이는 너를 낮추시며 너를 시
험하사 네 마음이 어떠한지 그 명령을 지키는지 지키지
않는지 알려 하심이라(신 8:2).

하나님께서 이스라엘 백성들을 광야에 두신 데에는 두 가지
이유가 있었습니다. 그중 한가지는 '겸손'입니다. 인생의 가장 큰
축복은 자기가 낮아지는 것입니다. 인간의 최고 문제는 교만입니
다. 교만한 사람은 어떻게 해볼 도리가 없으며, 가르칠 방법도 없
습니다. 그런 사람들은 자기가 하나님입니다. 자신이 정한 기준으
로 모든 사람을 정죄하고 비판합니다.

하나님께서는 이스라엘 백성들이 교만한 마음으로 원망하
고 불평했기 때문에 40년 동안 그들을 훈련시키셨습니다. 천국 백
성은 겸손해야 합니다. 하나님께서는 우리가 그렇게 되기를 원하
십니다. 많은 일을 하기보다는 우리 자신이 변하는 것을 원하십
니다.

'낮추신다'는 말은 '겸손하게 만드신다'는 뜻입니다. 그러나 사탄의 대명사는 '교만'입니다. 교만은 하나님을 향하여 주먹을 내미는 것입니다. 진정한 하나님의 사람은 온유하고 겸손하여 자기를 낮추는 사람입니다. 높아진 사람은 다 낮아져야 합니다. 겸손하게 우리의 주제를 파악하고 살아야 합니다. 그것이 축복이고 광야 훈련의 목적입니다.

하나님께서 이스라엘 백성들을 광야에 두신 또 하나의 목적은 '시험'입니다. 이스라엘 백성이 하나님의 말씀에 순종하는지 안 하는지 시험해 보겠다는 말씀입니다.

학교에 다녔다고 해서 모두 졸업장을 받을 수 있는 것이 아닙니다. 학교에서 요구하는 시험을 통과해야 합니다. 하나님께서는 이스라엘 백성을 광야라는 학교에 넣고 그들이 순종하는지, 성경 말씀대로 사는지를 시험하겠다고 하셨습니다. 사람이 어떻게 겸손해질 수 있습니까? 고통을 받으면 겸손해집니다. 먹을 것 못 먹고, 마실 것 못 마시면 사람은 자기 한계에 부딪힙니다.

편안하게 해주고 잘해 주면 하나님을 찾을까요? 그렇지 않습니다. 홍해가 갈라지고 열 가지 재앙이 내리는 것이나 앉은뱅이가 일어나는 것을 보면 믿음이 생기겠습니까? 생기지 않습니다. 예수님을 믿어야 믿음이 생깁니다. 기적을 본다고 해서 믿음이 생기는 것이 아니고, 예수님을 바라봐야 참 믿음이 생기는 것입니다.

모세는 왕의 특권을 가진 오만한 사람이었습니다. 그는 왕가에서 애굽의 수학, 지리학, 철학, 문학 등의 고등 교육을 받았습니다. 뿐만 아니라 자기 민족을 사랑하는 애국심이 지나쳐서 살인까지 했던 사람입니다.

그런 사람이 40년 동안 광야에서 삽니다. 풀 한 포기 자라지 않는 소망 없는 그곳에서 말 못하는 짐승들과 지내면서 모세가 배운 것은 '겸손'과 '온유'였습니다.

순종보다 더 완벽한 신앙은 없습니다. 순종은 신앙의 절정입니다. 말할 줄 몰라서 안 하는 것이 아니고, 몰라서 안 하는 것도 아닙니다. 침묵하면서 순종하는 것, 이것처럼 위대한 신앙은 없습니다.

예수님은 십자가 위에서 침묵하셨습니다. 예수님은 십자가에서 불평하지 않으시고 인류의 모든 죄를 지셨습니다. 그리스도인의 참 모습이 여기에 있습니다.

언젠가 중국에 방문했다가 현지에서 활동하고 있는 선교사님들을 만난 적이 있습니다. 한 사람씩 자신의 사역과 삶에 대해 간증하는 시간이 있었는데, 제가 섬기는 교회에서 파송한 70세가 넘으신 장로님의 이야기가 인상적이었습니다. 워낙 사역을 많이 하셨기 때문에 재미있는 이야기를 들려주실 거라고 기대하며 귀를 기울였습니다. 그런데 그분이 뜻밖의 말씀을 하셨습니다.

"목사님, 제가 올해로 칠십이 넘었습니다. 선교사로 주님의 일을 하려고 여기까지 왔는데, 이 나이가 되도록 저의 못난 성격을 고치지 못하고 있습니다. 저는 아직도 화를 잘 냅니다."

그분은 그 말씀을 하시면서 우셨습니다.

"처음에는 일이 중요하다고 생각했습니다. 그러나 제 성격 하나 조절하지 못하고, 이 나이가 되도록 툭하면 화내고 소리를 지르는 제가 무슨 선교사입니까?"

우리는 모두 침묵했습니다. 다 부끄러워졌습니다. 그분의 말에 굉장한 충격을 받은 것입니다. 그 나이에 그런 고백을 한다는 것은 대단히 어려운 일입니다. 그런데도 그분은 자신의 모습을 솔직하게 고백하며 그 자리에 있는 사람들에게 부탁했습니다.

"이것이 제 실제적인 문제입니다. 성격 좀 고쳐지도록 기도해 주십시오."

중요한 것은 오늘 내가 변했는가 하는 것입니다. '무슨 일을 하느냐'보다 더욱 중요한 것은 '내면의 삶, 인격이 변했는가'입니다. 이보다 더 중요한 것이 어디 있습니까?

정의를 외치는 사람들을 조심하십시오. 우리가 말하는 정의는 사사기에 나오는 '각기 자기 소견에 옳은 대로 행하는 것' 이상 아무것도 아닙니다. 정의를 말하다 보면 자신이 의로운 사람이라고 착각하기 쉽습니다.

예수님은 우리에게 사랑으로 오십니다. 만일 정의의 칼을 가지고 이 세상에 오셨다면 아무도 살아남을 수 없을 것입

예수님은 십자가 위에서 침묵하셨습니다. 예수님은 십자가에서 불평하지 않으시고 인류의 모든 죄를 지셨습니다. 그리스도인의 참 모습이 여기에 있습니다.

니다. 용서하고 사랑하고 긍휼을 베풀어 주셨기 때문에 우리가 찬양을 부르며 그 앞에 나와 구원받고 은혜받는 것이 아니겠습니까?

하나님만 바라볼 수밖에

광야의 삶이 축복인 세 번째 이유는, 그곳에서는 하나님만 바라보고 살게 되어 있기 때문입니다.

이스라엘 백성들에게는 먹을 것도 없고 마실 것도 없었습니다. 낮에는 뜨거운 태양이 비추고, 밤에는 극심한 추위가 찾아왔습니다. 그런 상황에서 그들이 할 수 있는 일은 하나님만 바라보는 것이었습니다.

우리는 너무나 많은 것들에 관심을 두며 하나님도 그중 하나인 것처럼 여깁니다. 하지만 광야에서는 하나님만 바라볼 수밖에 없습니다.

그러므로 부족한 것이 좋은 것입니다. 병든 것이 좋은 것입니다. 고난이 있는 것이 좋습니다. 그런 상황 가운데 사람을 의지하지 않고 하나님만 바라보게 되기 때문입니다.

너를 낮추시며 너를 주리게 하시며 또 너도 알지 못하며

네 조상들도 알지 못하던 만나를 네게 먹이신 것은 사람
이 떡으로만 사는 것이 아니요 여호와의 입에서 나오는 모
든 말씀으로 사는 줄을 네가 알게 하려 하심이니라(신 8:3).

'떡으로만 산다'는 것은 자기 방법으로, 자기 의지대로 사는
것을 의미합니다. 하지만 사람은 떡으로만 살 수 없습니다. 하나
님과 더불어 살아야 합니다.

누가 하나님의 사람입니까? 간단합니다. 세상 음식을 먹는
사람은 세상 사람이요, 하나님의 음식을 먹는 사람은 하나님의
사람입니다. 세상 방법대로 사는 사람은 세상 사람이요, 하나님
의 방법대로 사는 사람은 하나님의 사람입니다.

양육을 위해 예비된 곳

네 번째로 광야가 축복인 이유는 요한계시록 12장 6절 말씀
과 관련이 있습니다.

그 여자가 광야로 도망하매 거기서 일천이백육십 일 동안
그를 양육하기 위하여 하나님께서 예비하신 곳이 있더라.

광야는 우리가 양육받기 위하여 예비된 곳입니다. 그래서 광야는 고통이요, 부족함이요, 제한받는 것이요, 기다리는 것이요, 안타까움입니다. 그것을 말로 다 설명할 수 없습니다. 그렇지만 광야는 또한 우리가 변하는 곳이기도 합니다. 성장하며 새로워지는 곳입니다.

돈 많은 사람이 좋은 집에서 좋은 음식을 잔뜩 먹고 있는 모습을 한번 떠올려 보십시오. 그 다음에는 고통과 어려움 가운데 있지만 하나님을 만나서 기뻐하고 흥분하는 사람의 모습을 떠올려 보십시오. 이 두 모습에는 어떤 차이가 있습니까? 어떤 얼굴이 진짜 행복한 얼굴입니까? 모두 후자의 얼굴을 갖게 되면 좋겠습니다. 광야에 있지만 그곳에서 보석을 발견하고 기뻐하며 감사하며 찬양하는 아름다운 모습, 이것이 바로 인생의 진정한 축복입니다.

광야는 우리를 양육하는 곳입니다. 40년이라는 시간을 한번 생각해 보십시오. 그 시간은 인생의 황금기의 전부입니다. 보통 이십 대 중반이 되면 학업을 마치고 직업을 갖게 됩니다. 그러다가 대개 서른 살 전후로 결혼을 하게 됩니다. 거기에다 40을 더하면 70살이 됩니다. 광야에서 보낸 40년이 바로 그 시간인 것입니다.

어차피 우리는 이 광야 길을 벗어날 수 없습니다. 지금 당장 젖과 꿀이 흐르는 땅에 들어갈 수 없습니다. 먼저 광야에서 연단을 받고 훈련을 받아야 하는 것입니다. 예수님을 믿다 보면 모순

도 있고 갈등도 있고 이율배반도 있습니다. 그러나 이 모든 것을 통해서 하나님은 우리를 온전히 새롭게 만들어 주시며, 우리는 새로 태어나는 경험을 하게 됩니다.

이 사십 년 동안에 네 의복이 해어지지 아니하였고 네 발이 부르트지 아니하였느니라(신 8:4).

기막힌 소리입니다. 40년 동안 광야 길을 걸었는데 의복이 해어지지 않고 발이 부르트지 않았다고 말합니다. 어떻게 이럴 수 있습니까?

고난이 오면 우리에게 있던 시시한 것들은 다 떨어져 나가고 중요한 것만 남습니다. 왜 우리 인생이 복잡하고 바쁜 줄 아십니까? 불필요한 것을 많이 떠안고 있어서 그렇습니다. 성경 공부 하자고 권유하면 바쁘다고 거절하는 사람들이 있습니다. 그들이 정말 바쁜 걸까요? 무엇 때문에 바쁜지 한번 생각해 보십시오. 사람들은 정말 중요한 것 때문에 분주한 것이 아니라, 안 해도 될 것 때문에 바쁘게 삽니다.

불필요한 것을 다 내려놓고 중요한 것을 꼭 붙잡기 바랍니다. 천국까지, 영원까지 가져갈 수 있는 것을 붙들고 사십시오. 그래야 후회하지 않습니다.

하나님께서는 이 고난을 통하여 이스라엘을 영광스럽게 만드실 것이며, 복된 사람으로 축복해 주신다고 말씀하십니다.

너를 아름다운 땅에 이르게 하시나니 그곳은 골짜기든
지 산지든지 시내와 분천과 샘이 흐르고 밀과 보리의 소
산지요 포도와 무화과와 석류와 감람나무와 꿀의 소산지
라 네가 먹을 것에 모자람이 없고 네게 아무 부족함이 없
는 땅이며 그 땅의 돌은 철이요 산에서는 동을 캘 것이라
네가 먹어서 배부르고 네 하나님 여호와께서 옥토를 네게
주셨음으로 말미암아 그를 찬송하리라(신 8:7-10).

고난과 훈련의 때가 끝나면 하나님께서는 우리를 위해 예비
하신 놀라운 축복의 자리로 인도하십니다. 하나님을 경외하는 사
람은 결코 먹을 것에 궁핍함이 없습니다.

너를 인도하여 그 광대하고 위험한 광야 곧 불뱀과 전갈
이 있고 물이 없는 간조한 땅을 지나게 하셨으며 또 너를
위하여 단단한 반석에서 물을 내셨으며 네 조상들도 알
지 못하던 만나를 광야에서 네게 먹이셨나니 이는 다 너
를 낮추시며 너를 시험하사 마침내 네게 복을 주려 하심
이었느니라(신 8:15-16).

하나님의 관심은 고난 자체가 아니고 고난을 뚫고 나간 이후에 있습니다. 인생을 하나님과 더불어 성실하게 산 사람에게는 하나님께서 천국의 면류관을 씌워 주실 것입니다.

하나님의 섭리를 생각하면 우리나라의 어려운 현실을 보면서 오히려 기뻐하게 됩니다. 우리는 지금 대수술을 받고 있습니다. 온 민족 전체가 난도질을 당한 것처럼 피투성이지만, 그것은 우리를 죽이기 위해서 그렇게 하는 것이 아닙니다. 우리는 수술을 받아야 합니다. 곪은 곳은 수술을 받아야 회복될 수 있기 때문입니다. 하나님 안에서 회복되면 우리나라의 경제가 달라질 것입니다. 기업체는 사업을 다른 방법으로 할 것입니다.

하나님은 분명 이 민족을 쓰실 것입니다. 이때를 위해 하나님이 예비하신 사람, 바알에게 무릎 꿇지 않은 사람이 있을 것입니다. 하나님께서 이 민족에게 반드시 좋은 지도자를 주실 것을 믿습니다.

우리는 우리의 진면모를 다 알았습니다. 우리의 과거 역사와 우리의 실력을 다 알았습니다. 이제 되돌아갈 수 없습니다. 앞으로 전진해야 합니다. 왜 한국에 4만 개의 교회와 천만 성도가 있을까요? 이들을 통하여 세계를 변화시킬 하나님의 비밀과 계획이 분명히 있기 때문입니다.

광야에서 이 비밀들을 발견하면 흥

고난과 훈련의 때가 끝나면 하나님께서는 우리를 위해 예비하신 놀라운 축복의 자리로 인도하십니다. 하나님을 경외하는 사람은 결코 먹을 것에 궁핍함이 없습니다.

분하게 됩니다. 광야의 삶이 더 이상 고난이 아닌 기쁨으로 다가옵니다. 어떤 두려움이 와도 하나님이 우리와 함께 하심을 알게 되면 괜찮습니다.

우리나라가 아무리 어려움에 처해 있다고 해도 하나님께서 한국을 버리신 게 아닙니다. 하나님은 우리를 고치기 위해 지금 수술하고 계십니다. 이때 우리는 겸손하게 수술을 받아야 합니다. 다시 거듭나야 합니다. 우리 민족은 세계를 향해 거듭나야 합니다. 하나님이 그렇게 하실 것을 믿습니다. 이것이 광야의 축복입니다. 현실의 고통 때문에 너무 괴로워하지 마십시오. 그것이 변하여 축복이 될 줄 믿어야 합니다.

기 도

하나님 아버지,

오늘도 우리는 예수님과 함께 서 있습니다.

주님,

우리의 부족함과 연약함을 감싸 주시고,

우리를 축복해 주시고,

이 민족을 살려 주시고,

통일이 오게 하여 주옵소서.

잘못된 것들을 성령의 불로 수술시켜 주소서.

우리 정부도, 기업도 수술시켜 주시사

이 나라가 복 받는 민족이 되게 하소서.

이 민족에게 세계를 구원하는 민족이 되는 복을 주소서.

예수님 이름으로 기도합니다.

아멘.

오, 하나님이여, 주와 같은 분이 어디 있겠습니까?
주께서 비록 내게 크고도 심한 고통을
맛보게 하셨지만 이제는 내 생명을 다시 회복시키시고
땅의 깊은 곳에서
나를 다시 끌어올리실 것입니다.

다윗

2장

단물의 축복

광야는 목표가 아니라 과정입니다.
광야에 비교할 수 있는 이 세상도 우리의 영원한 목표가 아니라
잠깐 거치는 하나의 과정입니다.
우리는 이 과정을 성실하게 통과해야 합니다.

출애굽기 15:22-27

모세가 홍해에서 이스라엘을 인도하매 그들이 나와서 수르 광야로 들어가서 거기서 사흘 길을 걸었으나 물을 얻지 못하고 마라에 이르렀더니 그곳 물이 써서 마시지 못하겠으므로 그 이름을 마라라 하였더라 백성이 모세에게 원망하여 이르되 우리가 무엇을 마실까 하매 모세가 여호와께 부르짖었더니 여호와께서 그에게 한 나무를 가리키시니 그가 물에 던지니 물이 달게 되었더라 거기서 여호와께서 그들을 위하여 법도와 율례를 정하시고 그들을 시험하실새 이르시되 너희가 너희 하나님 나 여호와의 말을 들어 순종하고 내가 보기에 의를 행하며 내 계명에 귀를 기울이며 내 모든 규례를 지키면 내가 애굽 사람에게 내린 모든 질병 중 하나도 너희에게 내리지 아니하리니 나는 너희를 치료하는 여호와임이라 그들이 엘림에 이르니 거기에 물 샘 열둘과 종려나무 일흔 그루가 있는지라 거기서 그들이 그 물 곁에 장막을 치니라.

광야는 지내기에 고통스럽고 힘든 땅이지만 한편으로는 기막히게 아름답고 상상할 수 없는 축복과 기적이 이루어지는 곳입니다.

앞에서는 네 가지 관점에서 광야의 삶은 축복인 것을 설명했습니다. 첫 번째로 광야의 삶은 하나님께서 그렇게 하셨기 때문에 축복이라는 것입니다. 아무리 고통스러워도 하나님께서 그렇게 하셨다면 그것은 축복입니다.

두 번째, 광야는 사느냐 죽느냐를 심각하게 고민해야 할 정도로 척박한 땅이지만 그곳을 통과하면서 겸손하고 순종적인 하나님의 종으로 만들어지기 때문입니다.

세 번째, 광야는 하나님만 바라보지 않으면 살 수 없는 곳이기 때문입니다. 세상에는 갈 곳도 많고 볼 것도 많지만, 광야에서는 하나님만 바라보지 않으면 죽을 수밖에 없습니다.

네 번째, 광야의 삶이 축복인 이유는 양육을 받는 곳이기 때문입니다. 양육을 받는 사람은 변화를 받고 열매를 맺습니다. 광야는 고통스러운 곳이지만 그곳에 있는 동안 우리는 겸손해질 것이며 하나님의 말씀에 순종하는 방법을 배울 것입니다.

하나님께서는 보물찾기를 하듯이 광야 같은 세상에 우리가 상상할 수 없는 아름다운 복들을 심어 놓으셨습니다. 복이 무엇입니까? 아무리 엄청난 복이 내 앞에 굴러 왔다 하더라도 그것을 발견하지 못한 사람은 그냥 다 보내고 맙니다. 그것을 발견하는 사람만이 자기 것으로 만들 수 있는 것입니다. 그러므로 하나님께서 숨겨 놓으신 광야의 복들을 발견해야 합니다. 믿음이 있는 사람만이 그것을 볼 수 있습니다. 하나님의 약속을 믿고 순종하는 사람들은 그 복을 소유할 수 있습니다.

광야는 과정이다

가끔 큰 산속에 들어가면 사람이 한 번도 다닌 적 없는 처녀림을 발견하게 될 때가 있습니다. 그곳에는 산속에 숨어 있는 기가 막히게 아름다운 경치가 펼쳐져 있습니다. 광야 같은 세상에서도 지금껏 상상할 수 없었던 기막힌 안식처와 푸른 초장을 그리고 잔잔한 시냇가를 볼 수 있습니다. 이 책을 읽는 독자들도 이런 축복을 발견하게 되길 바랍니다. 그래서 눈물 대신에 기쁨이, 불만과 불평 대신에 감사와 찬양이 입에서 흘러나오고, 모두가 "하나님이 여기 계시다. 축복이 여기에 있다"고 기뻐 외치며 간증하게 되기를 바랍니다.

그 첫 번째 축복은 '단물'의 축복입니다.

이스라엘 백성이 홍해를 건넜지만 하나님께서는 그들을 곧바로 젖과 꿀이 흐르는 땅으로 인도하시지 않고 광야로 먼저 인도하셨습니다. 광야에서 삼 일을 헤매는 동안 그들은 마실 물을 찾지 못했습니다.

> 모세가 홍해에서 이스라엘을 인도하매 그들이 나와서 수르 광야로 들어가서 거기서 사흘 길을 걸었으나 물을 얻지 못하고(출 15:22).

홍해가 갈라진 것은 기적 중의 기적입니다. 그런데 그 큰 기적을 행하신 하나님께서 이스라엘 백성을 젖과 꿀이 흐르는 약속의 땅에 들어가게 하지 않으시고 광야로 들어가게 하셨습니다.

여기에는 중요한 의미가 있습니다. 광야는 목표가 아니라 과정이라는 것입니다. 그러므로 광야에 비교할 수 있는 이 세상도 우리의 영원한 목표가 아니라 잠깐 거쳐 가는 하나의 과정입니다. 우리는 이 과정을 성실하게 통과해야 합니다.

이스라엘 백성들은 하나님께서 행하신 기적을 보았기 때문에 처음에는 자신들의 문제가 곧 해결될 것이라고 생각했을 것입니다. 그러나 하루가 가고 이틀이 가도 마실 물을 구하지 못하자, 그들은 마음이 흔들렸습니다. 아무리 큰 기적을 보았다 하더라도 현실의 작은 어려움에 부딪힐 때, 사람들은 흔들리게 마련입니다. 그래서 별것도 아닌 문제로 우리는 늘 고민합니다.

그렇게 광야에서 사흘을 지낸 이스라엘 백성들은 '어딘가에 뭔가가 있을 것이다. 하나님께서 이렇게 하지는 않으셨겠지'라고 기대합니다. 우리에게도 이런 경험이 많지 않습니까? 기대를 했는데 아무 일도 일어나지 않을 때, 우리는 '하나님께서 이러실 리가 없다'고 생각합니다. 그렇습니다. 하나님은 그러실 리가 없습니다.

드디어 이스라엘 백성은 샘물을 발견합니다. 그들은 "하나님께서 그러면 그렇지" 하면서 뛰어가 물을 마셨습니다. 그런데 그 물은 사람이 먹을 수 없는 쓴 물이었습니다. 그 물을 마신 사람들은 오히려 배신감을 느꼈을 것입니다. 그 물을 먹고 배탈 난 사람도 있었고 병이 든 사람도 있었을 것입니다. 그들은 속으로 '하나님은 도대체 뭐 하시는 거야'라고 불평하기 시작했습니다.

삼 일 전의 기적은 까맣게 잊어버렸습니다. 그들은 배신감과 사흘 동안 겪은 갈증 앞에서 하나님을 잊어버리고 원망하고 불평하기 시작합니다. 그러나 그들은 하나님께 직접 원망할 수 없었습니다.

광야는 목표가 아니라 과정입니다. 그러므로 광야에 비교할 수 있는 이 세상도 우리의 영원한 목표가 아니라 잠깐 거쳐 가는 하나의 과정입니다. 우리는 이 과정을 성실하게 통과해야 합니다.

그래서 모세를 원망하긴 했는데, 사실 그 원망은 하나님께 한 것입니다. 사람에게 한 것이 곧 하나님께 한 것이 될 수 있다는 사실을 알아야 합니다.

> 마라에 이르렀더니 그곳 물이 써서 마시지 못하겠으므
> 로 그 이름을 마라라 하였더라 백성이 모세에게 원망하
> 여 이르되 우리가 무엇을 마실까 하매(출 15:23-24).

이렇게 불평하는 모습 속에서 우리는 광야의 두 가지 현실을 배우게 됩니다.

첫째, 기적 다음에 고통이 올 수도 있다는 것입니다. 우리는 상식적으로 기적이나 축복 다음에는 역시 기적이나 축복이 올 거라고 기대합니다. 그러나 홍해의 기적이 일어난 후에 일시적으로 고통이 올 수 있습니다.

고통을 겪을 때는 그 고통이 영원히 계속될 것처럼 느껴집니다. 그러나 이 고통은 영원한 것이 아니고 잠시 지나가는 소나기일 뿐입니다.

기적 뒤에는 고난도 있을 수 있습니다. 하나님께서는 언제나 복과 고난이라는 양면을 통하여 우리를 훈련시키십니다. 복만 계속 주면 교만해지기 때문에 고난을 통해 우리를 겸손하게 하시는 것입니다. 그렇게 함으로써 복은 우리가 만든 것이 아니라 하나님

께서 주신 것이라는 사실을 알게 하십니다.

목마름, 기다림, 부족함, 육체적 고통을 좋아할 사람은 아무도 없습니다. 그러나 우리는 이것을 현실로 받아들여야 합니다. 그것이 신앙생활입니다.

기도하는 지도자

둘째, 사람은 어려움을 겪을 때 감사와 찬송보다는 원망과 불평을 잘한다는 사실입니다. 사람들은 무슨 일이든지 깊이 생각해 보거나 기다려 보거나 다시 한 번 검증해 본 후에 말하지 않고, 그저 느끼는 대로 생각나는 대로 말하기 쉽습니다.

고난의 순간에 늘 기억해야 할 것이 있습니다. 부족함이란 채워짐을 위한 것이고, 기다림이란 만남을 위한 것입니다. 고통이란 축복을 위하여 예비된 것입니다. 밤이 깊다는 말이 새벽이 가까이 왔다는 말인 것처럼 고난이 깊다는 것은 축복이 가까이 왔음을 뜻합니다. 이 광야 생활을 인내하고 고통을 기쁘게 받아들이면 상상할 수 없는 복의 물줄기들이 쏟아질 줄 믿습니다. 복을 앞에 두고 뒤돌아서는 분이 없기를 바랍니다.

사람들이 원망하고 불평했을 때 하나님의 사람 모세는 어떻게 반응합니까?

모세가 여호와께 부르짖었더니 여호와께서 그에게 한 나
무를 가리키시니 그가 물에 던지니 물이 달게 되었더라
거기서 여호와께서 그들을 위하여 법도와 율례를 정하
시고 그들을 시험하실새(출 15:25).

참된 지도자는 사람들에게 비판과 원망과 불평을 듣습니다.
이런 말을 들어 보지 못한 사람은 지도자가 아닙니다. 그러나 불
평하고 원망하고 비판하는 사람은 지도자가 될 수 없습니다. 예수
님을 보십시오. 아무런 잘못도 없으신 주님께서 얼마나 많은 비난
을 받으셨습니까? 그러나 그분은 묵묵히 십자가를 지고 가셨습
니다. 그러므로 혹시 다른 사람에게 비난과 원망과 불평을 듣게
되더라도 두려워하지 마십시오.

본문 25절 말씀을 보면, 모세는 원망을 들을 때 여호와 앞에
나가 부르짖었습니다. 누구나 억울한 소리를 들으면 화가 납니다.
그렇지 않다는 것을 증명하고 논쟁을 해서라도 밝히고 싶어 하는
것이 보통 사람의 본능입니다. 그러나 모세는 그렇게 하지 않고 하
나님 앞에 나가 기도했습니다. 여기에 참된 리더십이 있습니다.

사실, 모세가 처음부터 그런 사람은 아니었습니다. 그는 40
세 때, 혈기가 왕성한 사람이었습니다. '혈기 부린다'는 말은 다소
과격한 행동을 한다 해도 그 행동의 동기까지 나쁘다는 뜻이 아닙
니다. 모세 역시 강한 애국심으로 인해 자기 동족이 애굽 사람에

게 구박받고 매 맞는 것을 보고 참을 수가 없었기 때문에 과격한 행동도 서슴지 않았습니다. 그는 민족을 사랑하는 마음에 자기 민족을 괴롭히는 애굽 사람을 죽이기까지 합니다. 그 후에 자기 동족끼리 싸우는 것을 본 모세는 싸움을 말리다가 오히려 동족들로부터 공격을 받게 됩니다.

'혈기'는 하나님의 의를 이루지 못하지만 '기도'는 하나님의 의를 이룹니다. 모세는 살인자가 되어 광야로 쫓겨나 40년 동안 기가 막힌 세월을 보냅니다. 광야에서의 40년은 하나님의 약속도, 음성도 없는 세월이었습니다. 인간에게 제일 비참한 상황은 미래가 없다는 것입니다. 그래서 꿈이 있는 사람은 나이가 들어도 눈이 빛나는 법입니다. 미래가 없는 삶은 동물의 삶과 다를 바 없습니다.

모세는 이런 세월을 지내면서 겸손한 지도자의 모습을 갖춰가기 시작합니다. 어려운 일을 만났을 때, 그는 혈기 부리지 않고 하나님 앞에서 기도했습니다.

여기에서 놀라운 메시지를 발견하게 됩니다. 광야 같은 세상을 살 때 결코 화를 내거나 혈기 부리지 말고 기도하십시오. 그러면 광야는 장미꽃같이 변하기 시작하고 하나님의 기적은 당신의 손을 통하여 나타나게 될 것입니다.

상식을 뛰어넘어

모세가 이렇게 부르짖었더니 무슨 일이 생겼습니까?

하나님께서는 언제나 기도하는 자의 편에 서십니다. 생각을 하면 사람이 움직이고, 기도를 하면 하나님께서 움직이십니다. 기도하면 하나님의 능력이 나타납니다. 말씀을 많이 공부한 사람은 교만해지기 쉽지만, 기도하는 사람은 언제나 겸손합니다.

모세가 하나님께 간절히 기도했더니 하나님께서 "한 나무를 보라. 그리고 그 나무를 꺾어서 물에 던지라"고 말씀하셨습니다. 상식적으로 생각하면 말이 안 되는 소리입니다. 뱀에 물려 사람이 다 죽게 되었는데, 구리 뱀만 쳐다보면 다 산다고 하는 것 역시 인간의 생각으로는 믿기 힘든 일입니다.

만일 해독제를 준다거나 쓴 물에 특별한 약을 타라고 하면 우리는 기분 좋게 순종할 것입니다. 그러나 나무를 던지라는 것은 얼마나 말도 안 되는 소리입니까? 모세는 애굽 왕가의 교육을 받은 지성인입니다. 그러나 40년 동안의 연단을 통해 혈기도 없어지고 인간적인 생각도 사라진 그는 상식에 맞지 않는 이야기일지라도 하나님께서 시키시면 그대로 순종합니다. 우리도 하나님께서 시키시는 대로 한번 해봅시다. 광야가 축복이 되는 놀라운 경험을 하게 될 것입니다.

세상에서 제일 웃기는 이야기가 "예수 믿으면 구원받는다"는 말입니다. 2천 년 전에 죽은 사람을 믿으면 영생을 얻고 구원을 받는다는 것은 예수님을 믿지 않는 사람이 들으면 상식적으로 이해할 수 없는 이야기입니다.

그래서 예수님을 믿는 것은 성령의 역사입니다. 인간의 이성이나 합리적인 생각으로 되는 일이 아닙니다. 그것은 정말 하나님께서 하시는 것입니다. 하나님께서 택하시지 않은 사람은 이런 생각을 하지 못합니다.

바다가 아닌 산 위에 배를 짓는 노아를 이해할 수 있습니까? 사람들로부터 얼마나 많은 비판과 비웃음을 받았겠습니까? 그러나 노아는 그것이 하나님께서 자신에게 주신 명령이기 때문에 믿음을 가지고 산 위에다 배를 짓습니다. 여러분도 이런 믿음의 사람이 되기를 바랍니다. 상식 이하의 일을 하지 말고 상식을 뛰어넘어 믿음의 도전을 하십시오.

모세는 나무를 꺾어서 쓴 물에 던졌습니다. 그랬더니 쓴 물이 변하여 '단물'이 되었습니다. 구리 뱀을 쳐다본 사람들도 살았습니다. 이런 일들은 지금도 일어나고 있습니다. 예수 그리스도를 믿는 자는 구원을 얻고 영생을 얻습니다. 인간의 이성과 상식과 경험은 이 사실을 거부하지만 그것은 사실입니다. 쓴 물이 변하여 단물이 되는 것이 광야에 숨겨진 보물입니다.

그러나 사막에서 가장 두려운 것은 쓴 물이나 사막이 아닙니다. 고통이나 죽음이나 절망도 아닙니다. 하나님이 보이지 않고 하나님의 음성이 들리지 않을 때 제일 큰 두려움을 느끼게 됩니다.

고통은 두려운 것이 아닙니다. 감옥에서도 얼마든지 기쁘게 지낼 수 있고 굶어도 살 수 있습니다. 문제는 하나님에 대한 믿음을 잃어버리는 것입니다. 믿음을 잃으면 다 잃은 것입니다.

마가복음 16장 17-18절을 보면 이런 말씀이 있습니다.

믿는 자들에게는 이런 표적이 따르리니 곧 그들이 내 이름으로 귀신을 쫓아내며 새 방언을 말하며 뱀을 집어올리며 무슨 독을 마실지라도 해를 받지 아니하며 병든 사람에게 손을 얹은즉 나으리라 하시더라.

독이 있는 뱀을 집으며, 무슨 독을 마실지라도 해를 받지 않으며, 쓴 물이 단물이 되며, 죽음이 변하여 부활이 되는 이런 기적이 광야 안에 숨어 있는 것입니다.

친히 나무에 달려 그 몸으로 우리 죄를 담당하셨으니 이는 우리로 죄에 대하여 죽고 의에 대하여 살게 하려 하심이라 그가 채찍에 맞음으로 너희는 나음을 얻었나니(벧전 2:24).

나무에서 돌아가신 예수 그리스도 때문에 우리는 죄에 대하여 죽고 의에 대하여 살게 된 것입니다. 썩어져 가는 인생, 병든 인생, 죽을 수밖에 없는 인생을 구원하신 분은 십자가에서 돌아가신 예수 그리스도이십니다. 나무에 달려 돌아가신 예수님입니다. 바로 이 나무를 던졌을 때 쓴 물이 변하여 단물이 되었습니다. 광야에서 나무에 달려 돌아가신 예수 그리스도를 발견한 사람에게는 주님께서 풍성하고 놀라운 기적들을 끝없이 베풀어 주시는 줄로 믿습니다.

'단물'의 의미

요한복음에 나오는 수가성의 여인은 단물을 먹어 본 사람입니다. 그 여인은 인생의 목마름 때문에 갈급해하고 있었습니다. 남편을 다섯 번이나 바꾸어도 만족이 없었습니다. 그렇기 때문에 이 여자는 물을 길러 올 수밖에 없었던 것입니다. 예수님은 그 여자에게서 고독과 외로움과 허무를 보셨습니다.

모든 것을 다 소유해도 인생은 목마릅니다. 돈이 있어도 성공을 해도 목마릅니다. 인간 안에 있는 근본적인 허무함과 목마름은 메울 길이 없는 것입니다. 그 갈증은 오직 예수 그리스도를 통해서만 해소할 수 있습니다.

예수께서 대답하여 이르시되 이 물을 마시는 자마다 다시 목마르려니와 내가 주는 물을 마시는 자는 영원히 목마르지 아니하리니 내가 주는 물은 그 속에서 영생하도록 솟아나는 샘물이 되리라(요 4:13-14).

여자는 이렇게 말했습니다.

"주님, 당신이 누구신지 모르지만 그 물을 먹게 도와주십시오. 영원히 목마르지 않는 그 물을 저도 먹게 도와주십시오." 여러분도 하나님께 "영원히 목마르지 않는 물로 제 인생을 채워 주옵소서"라고 기도하기 바랍니다.

'단물'은 세 가지 의미로 이해할 수 있습니다. 첫째로 그것은 하나님께서 말씀하신 영원히 목마르지 않는 물입니다.

예수께서 이르시되 나는 생명의 떡이니 내게 오는 자는 결코 주리지 아니할 터이요 나를 믿는 자는 영원히 목마르지 아니하리라(요 6:35).

광야에서 발견되는 단물은 바로 예수 그리스도입니다. 예수 그리스도께서 주시는 단물입니다. 요한복음 6장 53절을 보면 좀 더 깊은 메시지가 있습니다.

예수께서 이르시되 내가 진실로 진실로 너희에게 이르노
니 인자의 살을 먹지 아니하고 인자의 피를 마시지 아니
하면 너희 속에 생명이 없느니라.

또한 그 생수는 바로 예수 그리스도의 보혈입니다. 예수 그리
스도의 보혈을 마시지 않는 자는 생명이 없습니다. 예수 그리스도
의 보혈로 죄 사함을 받고, 귀신이 떠나가며, 보혈의 능력으로 말
미암아 죽음의 세력이 떠나가게 되는 것입니다.

내 살을 먹고 내 피를 마시는 자는 영생을 가졌고 마지막
날에 내가 그를 다시 살리리니 내 살은 참된 양식이요 내
피는 참된 음료로다(요 6:54-55).

예수님을 믿음으로 보혈의 능력을 경험하는 그리스도인이 되
기를 바랍니다. 생명의 생수이신 예수 그리스도를 경험할 수 있게
되기를 바랍니다.

모든 것을 다 소유해도 인
생은 목마릅니다. 돈이 있어도 성공
을 해도 목마릅니다. 인간 안에 있
는 근본적인 허무함과 목마름은 메
울 길이 없는 것입니다. 그 갈증은
오직 예수 그리스도를 통해서만 해
소할 수 있습니다.

한 가지 더, '단물'은 성령을 가리키기
도 합니다. 생수의 강은 성령입니다. 보혈
안에 성령의 능력이 있습니다. 단물을 먹
으면 성령의 놀라운 역사에 참여하게 되
는 것입니다. 오순절에 임하였던 성령이

우리에게 임하게 됩니다.

넘치는 '생수의 강'

그들이 엘림에 이르니 거기에 물 샘 열둘과 종려 나무 일흔 그루
가 있는지라 거기서 그들이 그 물 곁에 장막을 치니라(출 15:27).

이제 이스라엘 백성은 사막을 건너서 쓴 물이 변하여 단물이
되는 경험을 하고 엘림에 도착했습니다. 그들은 샘물이 12개가 있
고 종려나무 70그루가 있는 곳에 거처를 정했습니다.

바로 이런 곳에 우리 영혼의 안식처를 두고 거할 수 있기를
바랍니다. 요한계시록 22장에 "수정같이 맑은 생명수의 강이 하
나님과 어린 양의 보좌로부터 길 가운데 흐르는데 좌우편에는 생
명나무가 12가지 실과를 맺혔다"는 말씀이 있습니다. 생명수가
있는 곳에는 12가지 과실이 맺히고 그 잎사귀들은 만물을 소성케
하는 축복을 줍니다.

우리는 광야에 살면서 쓴 물을 많이 맛봅니다. 이 쓴 물은 선
악과와 같고 단물은 생명나무와 같습니다. 선악과를 계속 먹는
사람은 망하게 되지만 생명나무 열매를 계속 먹는 사람은 복을 받
게 됩니다. 선악과를 너무 많이 먹는 사람은 옳고 그른 것만 따지

고, 생명나무 열매를 먹는 사람들은 은혜와 용서와 축복을 나누는 사람이 됩니다.

무슨 음식을 먹느냐에 따라 사람의 건강이 결정됩니다. 당신은 매일 영적으로 무슨 양식을 먹고 삽니까? 선악과를 먹지 말고 생명나무 열매를 먹고, 쓴 물을 먹지 말고 단물을 먹기 바랍니다. 건강이 하루아침에 회복되지는 않지만, 영이 건강해지는 단물을 꾸준히 먹는다면 모세와 같이 신앙이 변하고 성품이 변하여 혈기의 사람이 기도의 사람으로 변화될 것입니다. 전에는 불평하는 사람이었지만 이제는 불평을 받는 사람이 되기를 바랍니다. 이것이 우리가 광야에서 얻게 되는 축복입니다.

이르시되 너희가 너희 하나님 나 여호와의 말을 들어 순종하고 내가 보기에 의를 행하며 내 계명에 귀를 기울이며 내 모든 규례를 지키면 내가 애굽 사람에게 내린 모든 질병 중 하나도 너희에게 내리지 아니하리니 나는 너희를 치료하는 여호와임이니라(출 15:26).

이 말은 참으로 복된 말입니다. 애굽에 내렸던 재앙이나 애굽에 임하였던 병이 하나도 임하지 않는 복이 여러분에게 있기를 바랍니다. 치유하시는 하나님이심을 믿으십시오. 이것이 광야에서 사는 축복입니다. 광야는 아름답고 기적이 일어나는 곳입니다.

기 도

살아 계신 하나님 아버지,

단물의 축복을 성도들에게 부어 주소서.

보혈의 능력을 부어 주소서.

성령의 능력을 부어 주소서.

예수님 이름으로 기도합니다.

아멘.

그분은 내가 가는 길을 아시는데
그분이 나를 시험하시고 나면
내가 금같이 나올 것이다.
내 발이 그분의 발자취를 딛고 옆길로 새지 않았으며
그분의 길을 지켰다네.

욥

3장

만나의 축복

광야에서 발견되는 축복이란
무엇을 많이 가졌느냐 하는 것이 아니라
누구와 함께 있느냐는 것입니다.

출애굽기 16:1-12

이스라엘 자손의 온 회중이 엘림에서 떠나 엘림과 시내 산 사이에 있는 신 광야에 이르니 애굽에서 나온 후 둘째 달 십오일이라 이스라엘 자손 온 회중이 그 광야에서 모세와 아론을 원망하여 이스라엘 자손이 그들에게 이르되 우리가 애굽 땅에서 고기 가마 곁에 앉아 있던 때와 떡을 배불리 먹던 때에 여호와의 손에 죽었더라면 좋았을 것을 너희가 이 광야로 우리를 인도해 내어 이 온 회중이 주려 죽게 하는도다 그때에 여호와께서 모세에게 이르시되 보라 내가 너희를 위하여 하늘에서 양식을 비 같이 내리리니 백성이 나가서 일용할 것을 날마다 거둘 것이라 이같이 하여 그들이 내 율법을 준행하나 아니하나 내가 시험하리라 여섯째 날에는 그들이 그 거둔 것을 준비할지니 날마다 거두던 것의 갑절이 되리라 모세와 아론이 온 이스라엘 자손에게 이르되 저녁이 되면 너희가 여호와께서 너희를 애굽 땅에서 인도하여 내셨음을 알 것이요 아침에는 너희가 여호와의 영광을 보리니 이는 여호와께서 너희가 자기를 향하여 원망함을 들으셨음이라 우리가 누구이기에 너희가 우리에게 대하여 원망하느냐 모세가 또 이르되 여호와께서 저녁에는 너희에게 고기를 주어 먹이시고 아침에는 떡으로 배불리시리니 이는 여호와께서 자기를 향하여 너희가 원망하는 그 말을 들으셨음이라 우리가 누구냐 너희의 원망은 우리를 향하여 함이 아니요 여호와를 향하여 함이로다 모세가 또 아론에게 이르되 이스라엘 자손의 온 회중에게 말하기를 여호와께 가까이 나아오라 여호와께서 너희의 원망함을 들으셨느니라 하라 아론이 이스라엘 자손의 온 회중에게 말하매 그들이 광야를 바라보니 여호와의 영광이 구름 속에 나타나더라 여호와께서 모세에게 말씀하여 이르시되 내가 이스라엘 자손의 원망함을 들었노라 그들에게 말하여 이르기를 너희가 해 질 때에는 고기를 먹고 아침에는 떡으로 배부르리니 내가 여호와 너희의 하나님인 줄 알리라 하라 하시니라.

앞에서 우리는 단물의 축복에 관한 말씀을 나누었습니다. 광야의 삶이 아무리 고통스럽고 저주스럽다고 할지라도 그리스도를 발견한 사람에게 광야는 축복이요, 기쁨과 흥분의 연속입니다.

이스라엘 백성들이 홍해를 건넌 후 광야에 도착해서 경험한 첫 번째 고통은 갈증이었습니다. 우리는 여기서 축복과 고통이 항상 공존한다는 사실을 배우게 됩니다. 하나님께서 우리를 다루실 때는 축복도 주시고 고통도 주십니다. 그로 말미암아 축복이 하나님께로부터 온 것이며, 고통을 통해서도 축복을 받을 수 있다는 사실을 배우게 하십니다.

이스라엘 백성이 먹을 물을 찾아 삼 일째 고생하던 날, 드디어 물을 발견하게 됩니다. 하지만 그것은 먹지 못할 쓴 물이었습니다. 우리도 인생에서 가끔 이런 일을 겪게 됩니다. 기적인 줄 알았는데 기대한 만큼의 결과가 나오지 않을 때 우리는 또 한 번 절망합니다. 사람이 어려움을 당하면 제일 쉽게 나오는 반응이 원망과 불평입니다. 고통이 오고 절망이 올 때 그 뒤에 있는 희망을 보지 못하고 눈앞에 있는 현실만 보기 때문에 원망과 불평을 하게 되는 것입니다.

하나님께서는 그 쓴 물을 기적같이 단물로 바꾸어 주십니다. 하나님께서 한 나무를 꺾어서 쓴 물에 던지라고 명하시자, 모세는 그대로 순종합니다. 그 결과 쓴 물이 단물이 되었습니다. 바로 예수 그리스도로 말미암아 쓴 물이 변하여 단물이 되는 놀라운 은혜를 광야에서 체험하게 하신 것입니다. 쓴 물이 단물이 되었던 장소를 가리켜 '엘림'이라고 부릅니다.

그러나 이스라엘은 엘림에 머물러 있을 수 없었기 때문에 살만한 곳을 찾아 산악 길을 나서야 했습니다. 엘림과 시내산 중간쯤에 신 광야가 있었는데, 이곳에 도착할 즈음 그들에게 또 다른 시련이 닥칩니다.

> 이스라엘 자손의 온 회중이 엘림에서 떠나 엘림과 시내
> 산 사이에 있는 신 광야에 이르니 애굽에서 나온 후 둘째
> 달 십오일이라 (출 16:1).

양식은 떨어지고

둘째 달 십오일은 애굽에서 나온 지 한 달 정도 지난 뒤입니

다. 그들은 애굽에서 떠날 때 음식을 준비했을 것입니다. 그러나 아무리 많이 준비했다고 해도 한 달이 지나도록 남아 있을 리가 없었습니다.

음식은 떨어지고 끝없는 사막 길을 계속 걸어야만 하는 이스라엘 백성들은 불안해지기 시작합니다. 누구든 양식이 떨어지면 불안합니다. 쌀독에 쌀이 떨어지고, 잘 다니던 직장을 잃고, 사업이 망하고, 지금 먹고 있는 밥이 마지막이라고 생각이 될 때 아무리 하나님을 믿어도 불안해지기 마련입니다. 이스라엘 백성들도 먹을 것이 떨어지고 식량이 몇 끼밖에 남지 않자 불안해지고 생존의 위협까지 느끼게 되었습니다.

그러나 모세는 이에 대비하여 광야에서 40년 동안 미리 훈련을 받았습니다. 그는 여기가 어디쯤 되고, 얼마만큼 가면 무엇이 있다는 것을 알고 있었습니다. 이에 비해 이스라엘 백성들은 초행길이기 때문에 아무것도 예측할 수 없었고, 그래서 더욱 불안했습니다.

'도대체 얼마를 더 가야 하는가? 혹시 여기서 굶어 죽게 되는 것은 아닐까?' 그들은 하나님께는 대들지 못하고 모세에게 대들기 시작합니다. 그러나 모세에게 대드는 것은 하나님께 대드는 것과 마찬가지입니다.

이스라엘 온 회중이 그 광야에서 모세와 아론을 원망하

여 이스라엘 자손이 그들에게 이르되 우리가 애굽 땅에서 고기 가마 곁에 앉았던 때와 떡을 배불리 먹던 때에 여호와의 손에 죽었더라면 좋았을 것을 너희가 이 광야로 우리를 인도해 내어 이 온 회중이 주려 죽게 하는도다(출 16:2-3).

사람은 고생하면 과거를 생각하고, 먹을 것이 없어 배가 고픈 고통 앞에서 약해집니다. 모세는 조금만 더 가면 된다는 것을 알았지만, 이스라엘 백성들은 그것을 모르기 때문에 차라리 애굽에 있었으면 좋았을 뻔했다고 불평을 쏟아놓으며 모세를 원망합니다.

사실, 인간은 속물입니다. 겉보기에는 멋있고 이상을 꿈꾸는 것 같지만, 현실의 벽 앞에서 쉽게 무너지는 나약한 존재입니다. 배고픈 자유와 이상을 추구하기보다는 배부른 돼지가 되기를 더 원합니다. 사람들이 불평하고 원망하는 문제들은 대개 중요한 사항이 아닙니다. 아주 시시한 것을 가지고 너무나 심각하게 자학하고, 심지어 자살까지 시도합니다. 크게 생각해 보면 아무것도 아닌데, 우리는 작은 일 앞에 인생을 걸고 고민합니다.

이상을 잃지 말아야 한다

왜 광야가 그렇게 힘들고 고달픈지 아십니까? 그 이유는 고통스러워서, 돈이 없어서, 건강이 안 좋아서, 환경이 나쁘기 때문도 아닙니다. 광야에서 제일 힘든 때는 꿈과 이상을 잃어버렸을 때입니다. 사람은 비전이 없고 이상이 없고 꿈을 잃어버렸을 때 비참해집니다.

어렸을 때는 꿈을 많이 꿉니다. 그런데 현실에 부딪혀서 결혼하고 직장 생활을 하고 애기 낳고 살다 보면 점점 이상이 작아집니다. 그러다 보면 우리는 살아가는 존재 이상 아무것도 아닌 것이 되고 맙니다.

사람들은 뻔한 사람은 절대 따라가지 않습니다. 그런 사람은 말하는 것도 가는 곳도 생각하는 것도 뻔하기 때문입니다. 사람들은 아무리 현실이 고통스럽고 어려울지라도 꿈과 이상을 가지고 미래를 보는 지도자를 따르게 되어 있습니다.

이스라엘 백성들은 배고픈 현실 앞에서 하나님이 주셨던 기막힌 축복과 약속을 다 잊어버렸습니다. 홍해의 기적도 잊었고 젖과 꿀이 흐르는 약속의 땅에 대한 환상도 그리 중요하게 여기지 않았습니다.

우리가 살고 있는 세상이 아무리 살기 힘들고 어려워도 하나님이 주시는 꿈과 약속을 잊지 마십시오. 하나님께서 주신 위대한 삶의 비전을 가지고 나갈 때 어떤 고통과 역경도 이겨낼 수 있습니다. 꿈이 있고 비전이 있는 교회는 성장합니다. 고통스럽고 어렵지만 성장하게 되어 있습니다.

원망과 불평하는 이스라엘 백성에게 하나님께서는 어떻게 응답하셨는지 출애굽기 16장 4절에 나와 있습니다.

그때에 여호와께서 모세에게 이르시되 보라 내가 너희를 위하여 하늘에서 양식을 비같이 내리리니 백성이 나가서 일용할 것을 날마다 거둘 것이라 이같이 하여 그들이 나의 율법을 준행하나 아니하나 내가 시험하리라.

하나님께서는 우리를 다루실 때 현재의 우리가 아니라 미래의 우리를 보십니다. 만일 하나님께서 현재의 우리를 보고 다루신다면 여기 존재할 사람은 아무도 없습니다. 그만큼 우리는 너무나 형편없는 존재들입니다.

하나님께서는 이스라엘 백성을 다루실 때 현재의 모습을 보고 다루지 않으셨습니다. 지금은 원망하고 불평하는 형편없는 존재들이지만, 하나님께서는 이 사람들을 사랑하시고 하나님께로 돌아올 것을 기대하셨습니다. 그렇기 때문에 이제 변하고 새로워질 그들을 보시고 축복하셨습니다. 우리의 하나님은 바로 그런 하나님이십니다. 인간은 현재밖에 볼 수 없지만 하나님께서는 미래를 보십니다.

미래를 바라보고 소망을 갖기 바랍

우리가 살고 있는 세상이 아무리 살기 힘들고 어려워도 하나님이 주시는 꿈과 약속을 잊지 마십시오. 하나님께서 주신 위대한 삶의 비전을 가지고 나갈 때 어떤 고통과 역경도 이겨낼 수 있습니다.

니다. 지금 당장은 조금 배가 고프고 시험에 떨어지고 결혼에 실패하는 일들이 있을 수 있지만 걱정하지 마십시오. 거기서 우리 인생이 끝나는 것이 아닙니다. 하나님께서는 우리의 미래를 축복하기 원하십니다. 그것 때문에 독생자 예수 그리스도를 이 땅에 보내신 것입니다.

하나님은 육의 양식에도 관심이 있다

4절 말씀을 보면, 하나님께서 약속하시기를 광야에서 "너희를 위하여 양식을 하늘에서 비같이 내리겠다"고 하십니다. 우리는 이 말씀에서 몇 가지 사실을 배우게 됩니다.

첫째, 하나님께서는 우리 육신의 양식에 관심을 갖고 계신다는 것입니다.

이 사실은 굉장히 중요합니다. 대부분의 사람들은 하나님께서 우리의 믿음에만 관심이 있다고 생각합니다. 그러나 하나님께서는 우리의 세상살이에도 관심이 있으십니다. 그리고 우리에게 필요한 것들을 공급하십니다. 하나님께서는 병든 자가 낫기를 원하십니다. 하나님께서는 부모가 자기 자식을 축복하듯이 우리가 복 받기를 원하십니다. 뿐만 아니라 우리의 육신의 필요인 '일용할 양식'에 대해서도 관심을 갖고 계십니다. 이 사실에 대하여 예수님께서는 마태복음 6장 25-26절에서 이렇게 말씀하셨습니다.

> 그러므로 내가 너희에게 이르노니 목숨을 위하여 무엇을
> 먹을까 무엇을 마실까 몸을 위하여 무엇을 입을까 염려하
> 지 말라 목숨이 음식보다 중하지 아니하며 몸이 의복보
> 다 중하지 아니하냐 공중의 새를 보라 심지도 않고 거두
> 지도 않고 창고에 모아들이지도 아니하되 너희 하늘 아버
> 지께서 기르시나니 너희는 이것들보다 귀하지 아니하냐.

"염려하지 말라"는 것은 이미 공급해 주었다는 것입니다. "내
가 공급해 주었는데, 왜 안 받은 것처럼 고민하느냐"는 말씀입니
다. 그러나 하나님께서 광야에 음식을 다 차려 놓으시고, 정말 따
뜻하고 맛있는 만나를 준비해 주셨음에도 불구하고 많은 사람들
이, 심지어 예수님을 믿는다고 하는 사람들조차도 먹는 문제로
괴로워합니다. 먹는 문제로 괴로워하는 대표적인 나라가 북한입
니다. 북한의 정치는 '쌀 정치'였는데, 쌀로 사람들을 다 통제했다
가 지금은 아예 주지 못하게 되었습니다.

쌀은 사람이 주는 것이 아닙니다. 사람들은 "내가 노력해서
먹는다"고 착각하지만 사실은 그렇지 않습니다. 양식은 하나님께
서 주시는 것입니다.

양식을 하늘에서 비 같이

둘째, 하나님의 관점에서 볼 때 "양식이라는 것이 무엇이냐" 는 것입니다.

예수님을 믿지 않는 사람들은 일반적으로 양식에 대해 다음 과 같은 관점을 갖고 있습니다. "내가 노력해서 먹는다. 직장에 나 가 돈 벌어서 쌀 사다가 밥을 먹고, 직업이 좋은 사람은 좋은 쌀을 먹고 직업이 나쁜 사람은 나쁜 쌀을 먹는다."

양식의 본질은 하나님입니다. 사람이 노력하고 선을 행한다 고 해서 구원받을 수 있는 것이 아닌 것처럼 음식은 사람이 노력 해서 먹는 것이 아닙니다. 구원을 하나님의 은혜로 값없이 받는 것처럼 양식도 하나님이 하늘에서 비 같이 주시는 것입니다.

오만한 사람은 '내가 노력해서 잘 먹는다'고 생각합니다. 그런 사람은 미래에 대한 불안 때문에 매일 음식을 쌓아 놓고 창고에 열쇠를 잠궈 놓아도 불안해합니다. 그러나 하나님이 주시는 양식 을 먹는 사람은 마음에 안식이 있습니다.

우리가 일하고 땀 흘려서 돈을 벌고 집을 사고 음식을 먹는 것 같지만 실은 그렇지 않습니다. 노동은 우리의 사명이지 밥 먹 기 위한 수단이 아닙니다. 직업은 하나님을 위해 일하려고 갖는 것이지, 밥 먹고 살기 위한 수단이 아닙니다. 만약 직업을 단지 밥 먹기 위한 수단으로 생각한다면 우리는 너무 비참해집니다. 돈을 많이 벌면 오만해지고 못 벌면 열등감을 느끼게 됩니다. 이것은 성경적인 관점이 아닙니다.

출애굽기 16장 4절에서 또 하나 배울 것은 "하늘에서 양식을 비 같이 주신다"는 것입니다. 시편 23장 1절과 5절을 보십시오.

여호와는 나의 목자시니 내가 부족함이 없으리로다(1절).
주께서 내 원수의 목전에서 내게 상을 차려 주시고 기름을 내 머리에 부으셨으니 내 잔이 넘치나이다(5절).

그리고 로마서 8장 37절을 보십시오.

그러나 이 모든 일에 우리를 사랑하시는 이로 말미암아 우리가 넉넉히 이기느니라.

그리스도인의 양식은 이렇게 하나님께서 온 천지에 만나를 비 같이 주신 것입니다.

그러므로 염려하여 이르기를 무엇을 먹을까 무엇을 마실까 무엇을 입을까 하지 말라 이는 다 이방인들이 구하는 것이라 너희 천부께서 이 모든 것이 너희에게 있어야 할 줄을 아시느니라 그런즉 너희는 먼저 그의 나라와 그의 의를 구하라 그리하면 이 모든 것을 너희에게 더하시리라(마 6:31-33).

이것을 믿기 바랍니다. 그러나 우리 가운데 많은 사람들은 이 사실을 믿지 못하고 '그래도 내가 가서 고생해야지'라고 생각합니다. 그러면 그런 사람에게는 하나님께서 "가서 고생하라"고 하십니다.

사람들이 사는 모습을 보면 믿는 사람이나 안 믿는 사람이나 비슷한 점이 있습니다. 그것은 모두가 자신이 가진 것에서 약간의 부족함을 느끼며 산다는 것입니다. 그래서 사람들은 월급을 많이 올려 달라는 것이 아니라 조금만 올려 달라고 하고, 큰 건강을 달라는 것이 아니라 조금만 더 건강해지길 바라며, 집도 어마어마하게 큰 집을 달라는 것이 아니라 방 한 칸 정도만 더 달라고 합니다. 직위도 갑자기 사장이 되겠다는 것이 아니라 한 직위 정도만 진급하기를 원합니다. 이런 바람이 다 모이면 원망과 불평과 갈등이 생기게 됩니다.

그러나 가진 것이 별로 없더라도 만사가 행복한 사람이 있습니다. 요즘에 제 주위에 그런 사람이 있는데, 바로 제 차를 운전해 주는 형제입니다. 그 형제는 얼마 전에 결혼을 했는데, 요즘 그는 세상에서 제일 행복한 사람처럼 보입니다. 삶의 조건은 그 형제보다 제가 더 낫습니다. 그 형제는 조그만 아파트를 전세로 얻어서 살고 있지만 그는 마냥 행복해 합니다.

이처럼 행복이란 양이 아니고 질입니다. 좋은 조건에 있다고 행복해지는 것이 아닙니다. 감옥 속에 있어도 하나님을 믿는 사람은 행복한 것입니다. 믿음이 있는 사람은 그래서 좋은 것입니다.

광야에서 발견된 축복이란 "무엇을 많이 가졌느냐" 하는 것이 아니라 "누구와 함께 있느냐"는 것입니다.

하나님께서는 "애굽에 임했던 재앙이 하나도 너희에게 임하지 않겠다"고 말씀하셨고, "너희를 위하여 하늘에서 양식을 비 같이 내려 주겠다"고 하셨습니다.

그런데 양식에는 두 가지 종류가 있습니다. 그것은 세상 양식과 하나님께서 주시는 양식입니다. 세상 사람은 세상 음식을 먹고, 하나님의 사람은 하나님의 양식을 먹습니다. 세상 음식을 먹으면서 하나님의 사람이 되겠다고 하는 것은 불가능한 일입니다. 하나님의 사람은 하나님의 양식을 먹을 줄 알아야 합니다. 하나님의 양식은 내가 노력해서 먹는 것이 아니고 하나님께서 은혜로 주시는 것입니다.

하나님께서 주신 양식은 하루분

그러면 그 양식은 어떤 양식이겠습니까? 거기에는 세 가지 중요한 조건이 있습니다.

첫째는 하나님께서 주시는 양식은 '하루분'이라는 것입니다. 하나님께서는 따뜻한 음식을 주기 원하십니다. 상한 것도 아니고 식은 것도 아닌 일용할 양식을 주기 원하십니다. 이틀분도 한 달 치도 일 년 치도 아닙니다.

하나님께서 가장 싫어하시는 것은 사재기입니다. 그것은 하나님을 신뢰하지 않는다는 증거입니다. 하나님께서 일용할 양식을 주신다는 사실을 잊지 마십시오.

어떤 사람은 월용할 양식을, 연용할 양식을 먹습니다. 주일에 겨우 한 번 예배를 드리고 마는 사람은 일주일에 한 끼밖에 먹지 않는 것입니다.

양식은 매일 먹어야 합니다. 하나님께서는 이틀분을 수확하면 그 음식을 썩게 하셨습니다. 이것은 음식에 욕심 내지 말라는 뜻입니다. 음식은 내 것이 아니라 하나님이 주시는 것이므로 먹을 만큼만 거두어야 합니다. 그 이상 거두면 썩어버립니다.

또 한 가지는 여섯째 날에는 안식일을 예비하여 이틀분을 구하라는 것입니다. 이는 음식에도 안식일의 의미가 있다는 이야기입니다. 안식과 예배는 중요한 관계가 있습니다. 이 원리를 이해하는 사람에게는 하나님께서 복을 더하여 주십니다.

행복이란 양이 아니고 질입니다. 좋은 조건에 있다고 행복해지는 것이 아닙니다. 감옥 속에 있어도 하나님을 믿는 사람은 행복한 것입니다. 믿음이 있는 사람은 그래서 좋은 것입니다.

새벽은 축복의 보고

끝으로, 만나는 해뜨기 전 아침에 거두어야 합니다.

아침에는 너희가 여호와의 영광을 보리니 이는 여호와께서 너희가 자기를 향하여 원망함을 들으셨음이라 우리가 누구이기에 너희가 우리를 대하여 원망하느냐(출 16:7).

그리고 출애굽기 16장 21절을 보십시오.

무리가 아침마다 각 사람은 먹을 만큼만 거두었고 햇볕이 쬐면 그것이 스러졌더라.

다음은 출애굽기 16장 13-15절을 보십시오.

저녁에는 메추라기가 와서 진에 덮이고 아침에는 이슬이 진 주위에 있더니 그 이슬이 마른 후에 광야 지면에 작고 둥글며 서리같이 세미한 것이 있는지라 이스라엘 자손이 보고 그것이 무엇인지 알지 못하여 서로 이르되 이것이 무엇이냐 하니 모세가 그들에게 이르되 이는 여호와께서 너희에게 주어 먹게 하신 양식이라.

만나는 새벽이슬이 내린 후에 만들어진 꿀 과자입니다. 하나님은 이것을 40년 동안 비 같이 내려 주셨습니다. 그러나 만나는 해가 뜨면 없어졌습니다.

새벽의 이슬이 만나였다면 우리는 만나를 얻어먹기 위해 새벽 기도에 나와야 합니다. 새벽 기도에 못 나오는 이유는 늦게 잠들기 때문인데, 늦게 자면 신체 리듬이 깨지고 건강을 잃기 쉽습니다. 그러나 새벽에 매일 나와서 새벽을 사는 사람치고 건강하지 않은 사람이 없습니다. 새벽은 축복의 보고입니다. 아침 일찍 일어나는 체질이 아닌 사람도 일 년만 고생하면 됩니다.

이제 만나에 대한 신약의 의미를 찾아보겠습니다.

기록된바 하늘에서 그들에게 떡을 주어 먹게 하였다 함과 같이 우리 조상들은 광야에서 만나를 먹었나이다 예수께서 이르시되 내가 진실로 진실로 너희에게 이르노니 모세가 너희에게 하늘로부터 떡을 준 것이 아니라 내 아버지께서 너희에게 하늘로부터 참 떡을 주시나니 하나님의 떡은 하늘에서 내려 세상에게 생명을 주는 것이니라

(요 6:31-33).

구약에는 모세를 통하여 만나를 주셨는데 '만나'는 바로 예수 그리스도입니다. '단물'도 영원히 목마르지 않은 예수 그리스도

입니다. 광야에서 예수님은 식탁에 떡과 포도주를 베풀어 놓으시고 지치고 상처받은 우리들을 초대하셔서 먹으라고 말씀하십니다. 우리가 보통 떡을 먹으면 다시 배고프겠지만, 예수님께서 주시는 생명의 떡을 먹는다면 영원히 배고프지 않을 것입니다.

> 예수께서 이르시되 나는 생명의 떡이니 내게 오는 자는 결코 주리지 아니할 터이요 나를 믿는 자는 영원히 목마르지 아니하리라(요 6:35).

부활하신 예수님께서는 당신을 부인했던 베드로에게 "너, 어떻게 그럴 수 있느냐"라고 따지지 않으시고 "먹으라"고 말씀하십니다. 다 먹이고 난 후에도 따지지 않으시며 "네가 나를 사랑하느냐"고 물으십니다.

그 예수님께서 광야의 식탁에 당신을 초대하시고 이렇게 말씀하십니다. "내 살을 먹어라. 내 피를 마셔라. 이것은 영원히 배고프지 않는 생명의 떡이다. 이 피는 영원히 목마르지 않는 생명의 물이다. 이것을 먹고 세상에서 승리해라."

기 도

하나님 아버지,

오늘 우리에게 생명의 떡을 주시니 감사합니다.

이 떡을 먹고 다시는 배고프지 않는 영원한 축복을

우리에게 허락하여 주소서.

예수님 이름으로 기도합니다.

아멘.

66

여러분은 사람이 감당할 수 없는 시험을
당한 적이 없습니다.
하나님은 신실하셔서 여러분이
감당치 못할 시험은 허락하지 않으시며
시험을 당할 때도 피할 길을 마련해 주셔서
여러분이 능히 감당할 수 있게
하십니다.

바울

99

4장

중보 기도의
축복

우리는 현실과 위기와 고통과 직면해야 합니다.
그것에 직면하면서 그 가운데 함께하시는
하나님의 도우심을 체험해야 합니다.

출애굽기 17:8-16

그때에 아말렉이 와서 이스라엘과 르비딤에서 싸우니라 모세가 여호수아에게 이르되 우리를 위하여 사람들을 택하여 나가서 아말렉과 싸우라 내일 내가 하나님의 지팡이를 손에 잡고 산꼭대기에 서리라 여호수아가 모세의 말대로 행하여 아말렉과 싸우고 모세와 아론과 훌은 산꼭대기에 올라가서 모세가 손을 들면 이스라엘이 이기고 손을 내리면 아말렉이 이기더니 모세의 팔이 피곤하매 그들이 돌을 가져다가 모세의 아래에 놓아 그가 그 위에 앉게 하고 아론과 훌이 한 사람은 이쪽에서, 한 사람은 저쪽에서 모세의 손을 붙들어 올렸더니 그 손이 해가 지도록 내려오지 아니한지라 여호수아가 칼날로 아말렉과 그 백성을 쳐서 무찌르니라 여호와께서 모세에게 이르시되 이것을 책에 기록하여 기념하게 하고 여호수아의 귀에 외워 들리라 내가 아말렉을 없이하여 천하에서 기억도 못하게 하리라 모세가 제단을 쌓고 그 이름을 여호와 닛시라 하고 이르되 여호와께서 맹세하시기를 여호와가 아말렉과 더불어 대대로 싸우리라 하셨다 하였더라.

우리는 그동안 '광야의 축복' 두 가지를 살펴보았습니다. 첫 번째 '광야의 축복'은 마실 물이 없었을 때 하나님께서 쓴 물을 단물로 변화시켜 주셔서 갈증을 해소한 기적이었습니다. 그렇습니다. 물이 없다고 걱정하지 마십시오. 하나님은 쓴 물이라도 단물로 바꾸어 주시는 분입니다.

두 번째 '광야의 축복'은 먹을 양식이 없을 때 하나님께서 하늘에서 비 같이 만나를 쏟아 주셔서 배불리 먹을 수 있었던 것입니다. 따라서 광야는 고통이 아니라 축복이며, 저주가 아니라 하나님의 영광을 바라볼 수 있는 장소입니다.

또 하나의 위기

우리의 삶에 마실 물이 있고 먹을 음식이 있다고 모든 문제가 다 해결되는 것은 아닙니다. 광야 같은 세상을 사는 우리들이 당하는 또 하나의 고통은 악한 세력과 만나서 싸워야만 한다는 것입니다. 원수를 만나서 공격당하고, 괴롭히는 사람을 만나서 전쟁을 하고 싸워야 하는 것입니다. 그 이야기가 출애굽기 17장 8절부터 시작됩니다.

그때에 아말렉이 와서 이스라엘과 르비딤에서 싸우니라.

이스라엘 민족은 하늘에서 내리는 만나의 기적을 경험하고 난 뒤 행진을 계속하다가 르비딤에 이르러 유목민으로서 그 지방의 토착 세력인 아말렉의 공격을 받게 됩니다.

우리들이 겪는 일들이 바로 이런 것들입니다. 무엇을 먹을까, 무엇을 마실까, 무엇을 입을까 하는 것이 문제의 전부가 아닙니다. 잘 먹고 잘 마시고 잘 자더라도 우리는 결국 사느냐 죽느냐 하는 문제에 직면하게 됩니다.

만일 북한이 전쟁을 일으켰다고 생각해 보십시오. 어떤 일이 일어나겠습니까? 물론 우리나라는 말할 수 없는 피해를 입을 것입니다. '서울 불바다'라는 소리가 맞을지도 모르겠습니다. 북한은 어떻게 되겠습니까? 북한 역시 온 땅이 황폐해질 것입니다. 전쟁은 일방적인 상처로 끝나지 않습니다. 양쪽 모두 깊은 상처를 입게 됩니다.

이스라엘 백성들은 바로 이런 심각한 전쟁을 치르게 될 위기에 처했습니다. 이런 막막한 상황에서 모세는 하나님께 기도함으로 전쟁의 위기를 극복해 나갑니다.

모세는 "너는 이스라엘 백성을 애굽에서 탈출시켜라" 하시는 하나님의 음성을 듣고 그대로 행했습니다. 순종하면 모든 여건이 좋아야 되지 않겠습니까?

그런데 하나님께서는 모세가 이끄는 이스라엘 백성을 젖과 꿀이 흐르는 가나안 땅이 아닌 광야에 집어넣으셨습니다. 사실, 이런 상황에서 가장 당황해야 할 사람은 원망하고 불평하는 이스라엘 백성들이 아니라 모세였습니다.

처음에는 먹을 물과 음식이 없어 고통스러웠습니다. 그 문제가 해결되자마자 곧바로 전쟁이 일어났습니다. 지도자는 이런 여러 가지 곤란한 일들을 겪게 됩니다. 그러면서도 백성을 이끌고 앞으로 나가야 합니다.

지도자는 눈앞의 현실을 보는 것이 아니라 하나님의 약속을 봅니다. 그러나 어떤 사람들은 그 먼 약속을 보지 못하고 눈앞에 있는 현실만을 보고 이야기합니다. 만약 우리들이 하나님의 위대한 지도자라면 현실이 아니라 하나님의 약속과 미래를 바라볼 줄 알아야 합니다.

모세는 이러한 위기 앞에서 두 가지 조치를 취합니다.

모세가 여호수아에게 이르되 우리를 위하여 사람들을 택하여 나가서 아말렉과 싸우라 내일 내가 하나님의 지팡이를 손에 잡고 산꼭대기에 서리라(출 17:9).

모세의 첫 번째 조치는 여호수아라고 하는 젊은 지도자를 용감하게 싸울 수 있는 사람들과 함께 전쟁터로 내보내는 것이었습니다. 두 번째 조치는 모세 자신은 전쟁에 참여하지 않고 오히려 산꼭대기로 올라가는 것이었습니다.

여호수아를 전쟁터로 보내고 모세 자신은 산에 가서 하나님을 만나는 조치를 내린 것입니다.

우리들은 광야 같은 세상에서 우리를 공격하는 세력을 만났을 때 곧잘 양극단적인 방법을 사용하곤 합니다. 그중 한 방법은 현실의 문제에만 급급해서 현실의 불만 끄려고 애를 쓰는 것인데, 이런 식의 대처 방법은 더 큰 위기를 초래하게 됩니다.

또 다른 극단의 방법은 현실은 별로 중요하게 여기지 않고 오로지 기도만 하는 자세입니다. 아무런 행동도 취하지 않고 기도만 하면 모든 문제가 해결된다고 생각하는 것입니다. 금식하고 산에 가면 만사형통할 거라고 믿고, 현실의 문제에 대해서는 방관한 채 어떤 조치도 취하지 않으며 최선을 다하지도 않는 것입니다. 이런 사람들은 무조건 산에 가서

우리들이 하나님의 위대한 지도자라면 현실이 아니라 하나님의 약속과 미래를 바라볼 줄 알아야 합니다.

기도하면 모든 문제가 말끔하게 해결될 것처럼 생각합니다.

그런데 이 양극단의 생각은 잘못된 것입니다. 모세는 광야에서 위기를 만났을 때 이 두 가지 방법을 다 사용했습니다.

첫째는 여호수아를 지도자를 세우고, 그를 도와 함께 싸울 사람들을 동원하여 최선을 다해 전쟁을 하게 합니다. 그러나 전쟁만 잘한다고 해결되는 것이 아닙니다. 세상 사람들은 성능이 뛰어난 무기가 있고 전술이 탁월하며 군사가 많으면 전쟁에서 승리한다고 생각하지만 그렇지 않습니다.

에스겔서를 읽다 보면 두로나 에돔이 왜 망했는지 알게 됩니다. 그들은 자신들의 군사력과 경제력, 나라의 부강함을 믿고 자신만만했습니다. 이런 것들만 있으면 국가의 위기로부터 나라를 지킬 수 있다고 생각했습니다. 그러나 하나님께서는 하루아침에 그들을 몰살시키셨습니다.

전쟁은 군사 전략이나 군인이나 무기를 가지고 하는 것이 아닙니다. 전쟁에는 윤리나 도덕이 없습니다. 전쟁은 죽느냐 사느냐 하는 문제로, 죽으면 모든 것이 끝나는 것이고 살면 모든 것을 이기는 것입니다. 이것이 냉엄한 전쟁의 현실입니다. 우리는 매일매일 이러한 현실 앞에서, 실제 전쟁은 아니더라도 치열한 생존 경쟁을 치르며 살아가고 있습니다. 하나님께서는 여기에 무슨 의미가 있는가를 우리들이 깨닫기 원하십니다.

양극단적 사고를 피하라

일단 전쟁에 참여해야 합니다. 거기서 최선을 다해야 하는 것입니다. 그러나 전투만으로는 모든 일이 다 끝나지 않는다는 게 모세의 믿음이었습니다. 모세는 여호수아를 전쟁터로 보낸 후 스스로 산에 올라갔습니다.

보통 산에 올라가는 사람은 산에 올라가면 무슨 문제든지 다 해결된다고 생각합니다. 그러나 그렇지 않습니다. 전쟁터에 사람을 보내는 것과 산에 올라가는 일을 모두 할 때 문제가 해결되는 것입니다.

물론 기도하면 하나님께서 하늘에서 불을 내려 주시고, 기적을 베풀어 주시고, 악한 사람을 도말하여 주실 것입니다. 그러나 그것이 현실 도피가 되어서는 안 됩니다.

어떤 사람이 자기 아들을 위해서 기도합니다. "내 아들이 대학에 들어가게 하여 주옵소서." 이 기도는 무엇을 의미합니까? 자기 아들이 정신 차리고 공부를 열심히 해서 대학에 입학할 수 있게 해달라는 의미이지, 공부도 안 했는데 "시험을 볼 때 환상을 보여 주셔서 답을 가르쳐 주옵소서"라는 간구가 아닙니다.

그런데도 많은 사람이 그렇게 기도합니다. "우리 아들이 연필을 굴릴 때 정답에 멈추게 하여 주옵소서." 가끔 하나님께서는 그런 기도를 들어 주시기도 합니다. 급할 때는 비록 자기 자식이 형편없는 짓을 했지만 눈감아 주시기도 합니다. 그러나 우리가 반드시 마음에 새겨야 할 것이 있습니다. 그것은 우리 자녀가 노력도 없이 무조건 잘되게 해 달라거나 횡재를 얻게 해달라는 기도가 아니라, 정신을 똑바로 차리고 학업에 열중하도록 해 달라고 기도해야 한다는 사실입니다.

예수님을 믿는 사람일수록 현실을 도피하면 안 됩니다. 오히려 세상 속으로 뛰어들어야 합니다. 기도원 가고 금식하는 것이 세상에서 도망치는 한 방법이 되어서는 안 됩니다. "내가 현실에 대해서 게으르고 무책임하기 때문에 모든 책임은 하나님께 떠맡기고 나는 하나님께 간다." 이것은 광야에서 사는 성도의 바른 자세가 아닙니다.

우리는 현실과 위기와 고통과 직면해야 합니다. 그것에 직면하면서 그 가운데 함께하시는 하나님의 도우심을 체험해야 합니다.

현실을 외면하지 않고 원수와 싸우면서 다른 한 편으로는 무릎 꿇고 기도한 것이 모세가 승리한 비결이었습니다.

여호수아가 모세의 말대로 행하여 아말렉과 싸우고 모세와 아론과 훌은 산꼭대기에 올라가서(출 17:10).

그러면 다음과 같은 의문이 들 수도 있습니다. "현실에서 전쟁을 치르는 것과 산꼭대기에서 기도하는 것 중 어떤 것이 더 중요한가?"

물론 현실은 내 눈앞에 있습니다. 그러나 현실은 지나가는 것입니다. 궁극적으로 남는 것은 이상의 성취입니다. 당신이 꿈과 이상을 가지고 하나님 나라의 확장을 위해 일하는 하나님의 충성된 종이 되기를 바랍니다.

이상이 없는 민족은 망합니다. 꿈이 없는 민족은 건방지고 무례합니다. 제일 불행한 인간은 하나님이 주신 이상과 꿈을 잃어버린 사람입니다. 만약 인간에게서 미래의 꿈과 이상을 빼앗아 버린다면 동물과 다를 바가 없어집니다.

하나님께서 우리 교회에게 주신 이상이 있습니다. 통일을 앞당기고 민족을 살리고 "2천/1만 비전"(2천 명의 선교사와 만 명의 사역자를 파송하겠다는 저자가 담임하는 온누리교회의 비전을 일컫는다)을 통하여 예수님을 믿지 않는 모든 종족에게 복음을 듣게 하는 이상과 꿈입니다. 우리는 이런 꿈을 가지고 광야의 삶을 살아가고 있습니다.

모세와 아론과 훌은 전쟁이란 냉엄한 현실, 자기 동족들이 피 흘리며 죽어 가는 것을 보면서도 그들의 발걸음을 전쟁터가 아닌 산꼭대기로 옮겼습니다. 당신도 이렇게 산꼭대기로 올라가기를 바랍니다. 현실이 어렵고 고통스럽고 죽을 것만 같아서 도피하는 것이 아니라 그 문제를 들고

우리는 현실과 위기와 고통과 직면해야 합니다. 그것에 직면하면서 그 가운데 함께 하시는 하나님의 도우심을 체험해야 합니다.

하나님께로 나아가는 모세와 같이, 그렇게 당신도 하나님의 능력을 믿고 산으로 올라가기를 바랍니다.

전쟁의 본질은 현실에 있는 것이 아니라 산꼭대기에 있습니다. 하나님을 만나는 것보다 더 급한 것은 없습니다. 하나님의 음성을 듣고 약속을 받는 것보다 더 중요한 것은 없습니다.

어떤 일이든지 결재는 제일 높은 사람이 하는 것입니다. 그러므로 우리는 하나님의 결재를 받아야 합니다. 전쟁에서 이기고 지는 것은 하나님께서 결정하십니다. 사람이 아무리 열심히 싸워도 전쟁은 하나님께 속한 것이기 때문에 승패의 결정은 하나님께서 하십니다. 사람들이 역사를 움직이는 것 같지만 그 주관자는 하나님이십니다. 그러므로 먼저 하나님을 만나야 합니다.

그런데 우리는 스스로 해볼 수 있는 방법을 다 해 보고 실패하면 그때서야 새벽 기도회에 나옵니다. 제일 마지막에 하나님을 찾는 것입니다. 건강할 때 하나님을 찾기 바랍니다. 사업이 잘 될 때, 만사형통할 때 하나님께 더 가까이 나아오기 바랍니다. 엎어져서 하나님 앞에 나오면 너무나 고통스럽습니다.

위기가 찾아왔을 때, 산꼭대기로 먼저 가십시오. 날마다 하나님 앞에 엎드려 기도하고 겸손히 그분 앞에 나가면 광야의 삶이 축복과 은혜가 될 줄로 믿습니다.

출애굽기 17장 10절을 보면 여호수아는 모세의 말대로 행하고 아말렉과 싸우고 있었습니다. 그리고 모세는 산꼭대기에 올라갔는데, 여기서 우리가 관심 있게 보아야 할 것이 있습니다. 모세는 혼자 가지 않고 아론과 훌과 함께 갔다는 사실입니다.

함께 기도할 수 있는 신앙의 동역자

기도에는 동역자가 필요합니다. 혼자서는 신앙생활을 하기 어렵습니다. 혼자서 할 수 있을 때까지는 버틸 수 있지만 내가 힘이 약해질 때는 누군가가 도와주어야 합니다. 이것이 영적 원리입니다.

그래서 교회의 순과 공동체가 중요한 것입니다. 순장을 잘 만나야 합니다. 순장을 잘못 만나면 그 순은 죽습니다. 신앙생활은 혼자 할 수 없습니다. 아무리 뛰어난 모세라 할지라도 아론과 훌이 필요했던 것처럼, 우리도 신앙생활을 할 때에 누군가 함께 돕는 사람이 곁에 있어야 합니다.

현실을 직면하고 기도에 힘쓰라

우리 인생에는 고통이 있습니다. 태풍 앞에 선 것 같은 위기의 순간이 있습니다.

예수님께도 이런 위기가 있었습니다. 그것은 십자가를 지는 것이었습니다. 이 일이 너무나 무겁고 힘들었기 때문에 예수님께서는 겟세마네 동산에서 땀방울이 핏방울이 되도록 기도하셨습니다.

아브라함에게 닥친 큰 위기 가운데 하나는 소돔과 고모라가 멸망한다는 소식이었습니다. 그 소식을 듣고 아브라함은 중보 기도를 하지 않았습니까? 바로 이것입니다. 우리도 위기에 처했을 때 중보 기도를 할 수 있어야 합니다. 땀이 피가 되고, 사느냐 죽느냐 생명을 걸고 하는 기도가 필요합니다.

매번 그렇게 할 수는 없지만, 살다가 중대한 위기가 왔을 때는 적당히 기도해서는 안 됩니다. 금식하며 새벽 기도하며 하나님께 생명을 내놓고 간구해야 합니다.

우리는 예수님께서도 기도하실 때 혼자 가지 않으셨다는 사실에 주목해야 합니다. 예수님은 습관을 따라 제자들을 데리고 가셨습니다. 그런데 제자들은 기도하지 않고 졸기만 했습니다. 여기에서 조는 사람이라도 데리고 가라는 사실을 발견할 수 있습니다. 당신의 친구가 돈이 많고 지식이 많고 당신을 명예롭게 해주는 사람이기보다 기도해 주는 사람이기를 바랍니다.

당신과 가깝게 지내는 사람이 기도하는 사람입니까? 일주일에 한 번씩이라도 두세 명이 짝을 지어서 무릎 꿇고 기도하고 있습니까? 지위가 높은 사람들은 무릎 꿇지 못합니다. 기도를 간단히

끝냅니다.

정말 진심으로 기도하는 사람이 필요합니다. 같이 일하는 사람보다 같이 기도하는 사람이 있어야 합니다. 우리 주변에 같이 일하는 사람은 많습니다. 그러나 나를 위하여 기도하는 사람은 별로 없습니다. 나를 위해 눈물 흘리며 기도해 줄 사람이 있습니까? 기도의 동역자가 얼마나 중요한지 모릅니다. 영적 전쟁에서, 광야 같은 이 세상에서 승리하는 비결은 바로 '기도'입니다. 이것 때문에 모세는 승리할 수 있었습니다.

모세와 그의 동역자인 아론과 훌이 산에 올라가서 무엇을 했습니까?

> 모세가 손을 들면 이스라엘이 이기고 손을 내리면 아말
> 렉이 이기더니 모세의 팔이 피곤하매 그들이 돌을 가져
> 다가 모세의 아래에 놓아 그로 그 위에 앉게 하고 아론과
> 훌이 한 사람은 이쪽에서, 한 사람은 저쪽에서 모세의 손
> 을 붙들어 올렸더니 그 손이 해가 지도록 내려오지 아니
> 한지라(출 17:11-12).

이 모습을 통해 몇 가지 사실을 배울 수 있습니다. 먼저 모세가 손을 들었다는 표현을 보십시오. '손을 들었다'는 것은 두 가지로 해석할 수 있습니다. 하나는 하나님을 향해 두 손을 높이 들었

다는 의미가 있으며, 또 다른 의미는 산 밑에서 싸우고 있는 여호수아와 자기 백성들을 향해 손을 폈다는 것입니다.

손을 들어 기도하며 싸우는 동족을 축복하는 모세

만약 모세가 하나님께 손을 들었다고 한다면 그것은 기도입니다. 손을 들고 하늘을 향하여 기도했다고 생각할 수 있습니다.

성경에는 손을 들고 기도한 사람이 많이 등장합니다. 그중에 솔로몬이 있습니다. 그의 아버지 다윗은 하나님께서 거하시는 성전을 짓고 싶어 했지만 하나님께서 허락하지 않으셨습니다. 그래서 할 수 없이 솔로몬이 아버지를 대신해 성전을 짓게 됩니다. 성전이 모두 완성되고 봉헌식을 하고 난 다음에 솔로몬은 봉헌 기도를 합니다. 이때 그는 두 가지 기도를 드렸습니다.

첫 번째 내용은 "하나님, 제 아버지 다윗과 하신 약속을 기억하시고 그것을 다 이루어 주십시오"입니다.

혹시 당신의 부모가 예수님을 잘 믿고 돌아가셨다면 "하나님, 저희 아버지와 맺으신 약속을 다 이루어 주십시오"라고 기도하십시오.

또 한 가지 기도의 내용은 이렇습니다. "하나님께서는 건물보다 크신 분입니다. 온 우주를 지으신 분이 어떻게 인간이 지은 건물 안에 계시겠습니까? 제가 지은 건물에 어떻게 하나님께서 거하시겠습니까마는 이 집은 하나님의 집이니 여기에서 기도하는 사람들의 모든 기도를 다 들어 응답하여 주십시오. 범죄자가 죄를 짓고 와서 기도할 때 용서해 주시고, 원수에게 패했을 때 와서 기도하면 원수를 갚아 주십시오. 포로 생활 중에도 회개하며 기도할 때 들어 주시고, 염병이나 기근이 닥칠 때 드리는 기도를 다 들어주십시오. 이 제단에서 기도하는 모든 것을 다 들어 응답해 주십시오. 하늘 문을 여시고, 눈과 귀를 여시고 이 모든 기도를 들어주십시오."

저는 이 기도를 묵상할 때마다 참 기분이 좋습니다. "온누리교회에서 하는 기도를 다 들어주십시오"라고 기도하면 정말 그렇게 될 것 같았습니다. 그래서 이 제단에서 드리는 모든 기도가 다 응답받도록 솔로몬과 같은 심정으로 하나님께 "새벽마다 와서 기도하는 사람들의 기도를 들어주시고, 저 우는 사람들의 눈에서 눈물을 닦아 주시고 위로해 주십시오"라고 기도합니다.

솔로몬은 이렇게 기도할 때 무릎을 꿇고 하늘을 향해 손을 들었습니다. 우리도 그런 마음을 가지고 하나님께 손을 들고 기도할 수 있기를 바랍니다.

모세는 전쟁이라는 현실을 무시하지도 않았고 하나님께 기도하는 영적인 태도도 가벼이 여기지 않았습니다. 이 양면을 다 가지고 하나님께 나아갔던 것입니다.

또한 '손을 들었다'는 것은 모세가 하나님께 기도했을 뿐만 아니라 백성들을 향해 축복하면서 기도했다는 것을 의미하기도 합니다.

병을 잘 고치는 세계적으로 유명한 수사 한 분이 언젠가 한국에 왔습니다. 그분은 장충 체육관에서 병 고치는 집회를 열었는데, 거기서 이렇게 가르쳤습니다. "병의 원인은 미움입니다. 그러니 용서하십시오. 원망하거나 마음에 갈등이 있거나 미워하는 사람이 있으면 예수님의 보혈의 이름으로 다 용서하십시오." 이것은 성경의 가르침이었습니다. 그분은 이렇게 가르친 후 죄를 회개시키고 "성령님이 당신을 도와주실 것입니다"라고 말했습니다. 그리고 그분이 한 일은 손을 들고 있는 것이었습니다.

그렇게 10분, 20분, 30분이 지났습니다. 저는 그때 2층에 있었는데 제 옆에 앉은 형제가 갑자기 킁킁거리는 소리를 내더니 "뚫렸어! 뚫렸어!"라고 외치는 것이었습니다. 십몇 년 동안 막혔던 코가 뚫렸다는 것입니다. 나는 그곳에 성령님이 역사하시는 것을 보았습니다. 개인적으로 안수하지 않았는데도 그런 일들이 일어난 것입니다.

모세가 손을 들고 하늘을 향해 기도하고 백성들을 축복했다는 것이 얼마나 중요합니까? 당신도 손을 들고 기도하고 만나는 사람마다 축복해 주기를 바랍니다. 그 집을 축복해 주십시오. 직장에 다닙니까? 직장에 들어가기 전에 손을 들고 축복하고, 북한을 향해 축복하고, 우리 민족을 향해 축복하기를 바랍니다. 모세의 마음이 당신에게 있게 되기를 바랍니다.

두 번째로, 출애굽기 17장 11-12절에서 보는 놀라운 진리는 모세가 손을 들면 이스라엘이 이기고 손을 내리면 아말렉이 이겼다는 사실입니다.

전쟁의 승패가 모세의 손에 있었습니다. 이것은 논리적으로 보면 맞지 않는 이야기입니다. 전쟁은 전술과 무기와 군인이 좋아야 하고 지형이 유리해야 승리하는 것인데, 어떻게 손을 들면 이기고 손을 내리면 진다는 말입니까? 그러나 그것은 사실이었습니다. 영적 사실입니다. 우리가 기도하면 세상은 변할 것이고 기도하기를 그치면 세상은 어두워질 것입니다. 우리가 새벽마다 부르짖으면 이 민족이 살 것입니다. 2천 명의 선교사가 세상으로 나갈 것입니다.

내가 손을 들고 있어서 전쟁에서 이길 수만 있다면 팔이 아픈 게 무슨 문제겠습니까? 내가 새벽마다 기도해서 통일이 이루어진다면 기도하지 않을 이유가 어디 있습니까? 우리 교회가 합심하여 기도해서 세상이 변할 수 있다면 어떻게 우리 교회가 기도하지 않을 수 있겠습니까?

우리 교회가 해야 할 가장 중요한 일은 '기도'라고 생각합니다. 우리는 선교도 많이 하고 선교사도 많이 보내고 헌금도 잘하고 위원회도 많이 있고, 다양한 사역을 잘 감당해 내고 있습니다.

그러나 그것이 중요한 것이 아닙니다.

우리 교회의 약점은 기도하는 사람이 적다는 것입니다. 그 증거가 새벽 기도입니다. 저는 당신이 새벽 기도회에 나오기를 간절히 기원합니다. 기도하면 우리가 이기고 기도를 하지 않으면 적군이 이기는 이 영적 현실 앞에서 무릎 꿇고 기도하는 사람이 되기를 바랍니다.

세 번째로, 출애굽기 17장 11-12절을 보면 기도는 노동이라는 사실을 알게 됩니다. 기도는 참 힘들고 어렵습니다.

학교 다닐 때 교무실 앞에서 손들고 벌서 본 경험이 있습니까? 손을 오래 들고 있는 것은 쉬운 일이 아닙니다. 기도만 오래 하라고 하면 좋겠는데, 손까지 들라고 하는데 문제가 있습니다. 또 그냥 집에서 기도하면 좋겠는데, 꼭 교회에 나와서 기도하라고 하니까 더 힘들지 않습니까?

모세에게도 손들고 기도하다가 힘이 들어서 더 이상 손을 높이 들 수가 없는 상황이 찾아왔습니다. 그런데 모세가 힘이 들어서 손이 아래로 내려오면 이스라엘 군대가 졌습니다. 이것은 보통 문제가 아닙니다. 그래서 아론과 훌이 와서 아예 모세의 두 손을 받쳤습니다. 손이 내려오지 못하도록 한 것입니다.

이것이 기도입니다. 우리는 이런 기도를 해야 합니다. 모세가 아무리 위대하

> 기도하면 우리가 이기고 기도를 하지 않으면 적군이 이기는 이 영적 현실 앞에서 무릎 꿇고 기도하는 사람이 되기를 바랍니다.

다 해도 그는 인간입니다. 아론과 훌이 없었더라면 그 일을 못했을 것입니다.

저는 요즘 우리 교회 장로님과 목사님들에게 "전 여러분의 도움이 필요합니다. 저는 건강도 좋지 않고 인간적으로도 참으로 부족한 점이 많습니다. 여러분이 날 붙잡아 주셔서 같이 기도해 주십시오. 같이 힘을 합하여 옆에서 손을 붙잡아 주지 않으면 제가 어찌 기도할 수 있겠습니까? 여러분이 제 손을 붙들어 주지 않고 기도해 주지 않고 저의 약점을 보완해 주지 않으면 우리 교회 목회를 어떻게 할 수 있겠습니까?"라고 말합니다.

우리가 이 말씀에서 발견하는 놀라운 영적 진리는 이것입니다. 아무리 힘들어도 손을 내리지 말고, 정 힘들면 돌로 받쳐서라도 끝까지 기도하며 승리하라는 것입니다.

출애굽기 17장 13절을 보십시오. 여호수아가 승리합니다.

여호수아가 칼날로 아말렉과 그 백성을 쳐서 무찌르니라.

영적 전쟁은 해질 때까지

출애굽기 17장 12절 말씀에서 '해가 지도록'이라는 말은 매우 중요합니다. 우리 생활 중에 일상적으로 일어나는 사건이 있고 일생에 한두 번 발생하는 사건이 있습니다. 그런데, 이처럼 큰 사건이 일어날 때는 반드시 '기한'이 있습니다. 이 전쟁은 그날 하루, '해가 질 때까지'입니다. 그때까지만 이기면 되는 것입니다.

매일 땀이 피가 되도록 기도해야 한다면 어떻게 살겠습니까? 그렇기 때문에 인생에 한두 번 생기는 일은 오래가지 않습니다. 그리고 그것은 곧 끝납니다. 그러니 끝날 때까지 타협하거나 의심하지 말고, 믿음이 약해지지 말고 승리하기를 바랍니다.

또 한 가지 출애굽기 17장 11-12절에서 발견하는 사실은 영적 전쟁은 레슬링과 같다는 것입니다. 권투는 어느 정도 거리를 두고 떨어져서 싸웁니다. 그러나 레슬링은 몸을 맞부딪히며 싸웁니다. 레슬링 경기를 보고 있으면 한 사람이 이기고 있다가도 금세 역전이 되어서 지는 것을 보곤 합니다.

영적 싸움에도 항상 승리만 있거나 항상 패배만 있지 않습니다. 지금 패배를 경험하고 있는 사람들은 걱정하지 마십시오. 곧 일어날 것입니다.

이것이 영적 전쟁입니다. 당겼다 밀었다 하는 것입니다. 하나님께서는 복만 주시지 않습니다. 복과 고통을 함께 주십니다. 어떤 때는 축복을, 어떤 때는 고통을 주십니다. 영원한 축복은 없습니다. 그리고 영원한 저주도 없습니다.

그러나 결론은 하나님께서 이기신다는 것입니다. 이것이 출애굽기 17장 13절입니다.

마지막에 이기는 것이 진짜 승리입니다. 마라톤은 출발이 중요하지 않고 끝을 어떻게 맺느냐가 중요합니다. 마라톤 경기를 보면 항상 시작할 때 제일 먼저 뛰어나가는 사람이 있습니다. 그러면 카메라가 그 사람을 비춰 줍니다. 그러나 그 사람은 30분을 지나지 못해 곧 뒤처집니다. 일등할 사람은 언제나 호흡을 잘 고르면서 속도를 조절하다가 마지막에 힘을 다해서 결승점에 골인하는 것을 볼 수 있습니다.

영적 전쟁도 마찬가지입니다. 일등할 수도 있고 뒤처질 수도 있지만 이것은 중요하지 않습니다. 아플 수도 있고 건강할 수도 있고, 잘살 수도 있고 못살 수도 있고, 성공할 수도 있고 실패할 수도 있습니다. 이 짧은 성공과 실패, 건강과 병 때문에 당신의 인생이 다 결정난 것처럼 이야기하지 마십시오. 그것은 아무것도 아닙니다. 중요한 것은 우리가 그리스도 안에 있다는 사실과 우리가 하나님의 뜻대로 살고 있다는 사실이며, 우리에게 영원한 미래에 대한 목표가 있다는 사실입니다.

광야의 끝은 하나님의 승리

젖과 꿀이 흐르는 가나안 땅이 우리의 이상이요, 목표입니다. 광야는 순간이며 수단에 불과합니다. 잠시 지나치는 곳입니다. 그리고 나면 하나님께서 우리를 젖과 꿀이 흐르는 땅으로 영광스럽게 인도하여 주실 것입니다. 우리 인생의 끝을 하나님이 승리로 만들어 주신다는 것을 가리켜 14절에 '여호와 닛시'라고 표현합니다. 이 사실은 무척 중요하기 때문에 기록하라고 하셨습니다.

> 여호와께서 모세에게 이르시되 이것을 책에 기록하여 기념하게 하고 여호수아의 귀에 외워 들리라 내가 아말렉을 없이하여 천하에서 기억도 못하게 하리라 모세가 제단을 쌓고 그 이름을 여호와 닛시라 하고(출 17:14-15).

우리는 광야 같은 세상에서 살고 있습니다. "마실 물이 없고 먹을 음식이 없는데 난 어떻게 사나? 난 직장을 잃었는데, 난 암에 걸렸는데, 우리 가족을 보면 눈물밖에 나지 않는데, 내 미래는 어떻게 될 것인가?"라고 걱정하고 염려하는 것이 광야의 현실입니다.

그러나 광야에서 식탁을 만들어 놓으시고 떡과 포도주를 차려 놓으시고 우리를 기다리시는 예수님을 만난다면 쓴 물이 변하여 단물이 됩니다. 광야 같은 세상에서 하나님이 40년 동안 이스라엘 백성에게 비같이 쏟아 부어 주셨던 만나

> 짧은 성공과 실패, 건강과 병 때문에 당신의 인생이 다 결정난 것처럼 이야기하지 마십시오. 그것은 아무것도 아닙니다. 중요한 것은 우리가 그리스도 안에 있다는 사실과 우리가 하나님의 뜻대로 살고 있다는 사실이며, 우리에게 영원한 미래에 대한 목표가 있다는 사실입니다.

를 먹을 것입니다. 원수가 당신을 쳐서 죽이려고 할지라도 하나님은 승리하게 해 주십니다. 이 축복이 지금 당신에게도 함께 하기를 축원합니다.

기 도

하나님 아버지,

사랑하는 성도들이 광야 같은 이 험한 세상에서

믿음으로 승리하게 하시고,

날마다 하나님의 기적을 보게 하시고,

하나님의 돌보심을 경험하며 살도록 축복하여 주소서.

예수님의 이름으로 기도합니다.

아멘.

내가 고난을 받는 것이
내게는 잘된 일입니다.
이는 내가 주의 율례를 배우게 되기
때문입니다.

다윗

5장

율법의 축복

우리가 말씀 안에 있다는 것은
하나님께서 우리 안에 계시다는 말입니다.
우리가 말씀을 먹으면 하나님께서 우리 속에 거하십니다.
말씀과 함께 있는 것은 하나님과 동행하는 것입니다.

출애굽기 19:1-9

이스라엘 자손이 애굽 땅을 떠난 지 삼 개월이 되던 날 그들이 시내 광야에 이르니라 그들이 르비딤을 떠나 시내 광야에 이르러 그 광야에 장막을 치되 이스라엘이 거기 산 앞에 장막을 치니라 모세가 하나님 앞에 올라가니 여호와께서 산에서 그를 불러 말씀하시되 너는 이같이 야곱의 집에 말하고 이스라엘 자손들에게 말하라 내가 애굽 사람에게 어떻게 행하였음과 내가 어떻게 독수리 날개로 너희를 업어 내게로 인도하였음을 너희가 보았느니라 세계가 다 내게 속하였나니 너희가 내 말을 잘 듣고 내 언약을 지키면 너희는 모든 민족 중에서 내 소유가 되겠고 너희가 내게 대하여 제사장 나라가 되며 거룩한 백성이 되리라 너는 이 말을 이스라엘 자손에게 전할지니라 모세가 내려와서 백성의 장로들을 불러 여호와께서 자기에게 명령하신 그 모든 말씀을 그들 앞에 진술하니 백성이 일제히 응답하여 이르되 여호와께서 명령하신 대로 우리가 다 행하리이다 모세가 백성의 말을 여호와께 전하매 여호와께서 모세에게 이르시되 내가 빽빽한 구름 가운데서 네게 임함은 내가 너와 말하는 것을 백성들이 듣게 하며 또한 너를 영영히 믿게 하려 함이니라 모세가 백성의 말을 여호와께 아뢰었으므로.

"매일 매일 잘 먹고 잘 입고 좋은 차 타고 다니고 좋은 집에서 살면 얼마나 행복할까?" 우리는 살다가 가끔 이런 질문을 자신에게 던져 보곤 합니다. 그렇습니다. 배부르고 등 따뜻하면 행복한 법입니다. 그것은 행복의 첫걸음이요 기초입니다. 그것을 빼고 행복을 말한다는 것은 어떤 의미에서는 맞지 않는 말입니다.

북한의 참혹한 현실을 보십시오. 고깃국에 쌀밥 먹을 수 있다는 것이 얼마나 중요합니까? 그러나 우리는 여기서 한 가지 더 깊은 의미의 질문을 자신에게 던져 보아야 합니다.

소유가 많아도 불안하고 절망을 느끼는 이유

정말 잘 먹고, 잘 입고, 좋은 차 타고, 좋은 데서 산다고 행복할까요? 그렇지 않습니다. 유럽이나 미국이나 일본을 자세히 보십시오. 그 나라의 자살률은 다른 나라에 비해 높습니다. 살 만한 나라일수록 자살률이 높습니다. 우리나라 또한 경제가 점점 발전 하면서 갈수록 자살률이 높아지고 있습니다.

왜 그럴까요? 먹을 것이 없거나 환경이 나빠서일까요? 복지 시설이 열악해서일까요? 그렇지 않습니다. 이들 사회를 자세히 살 펴보면 부유층이나 권력층에 있는 사람들 중에 허무주의자가 많 다는 것을 알 수 있습니다. 이것은 진정한 삶의 의미나 행복이 물 질적인 데만 있는 것이 아니라, 정신적인 데 있으며 영적인 데서 완성된다는 것을 말해 줍니다.

행복은 육체적인 것에서부터 시작되지만 정신적, 나아가 영 적인 데서 완성된다는 것을 보여 주는 예입니다. 물론 광야 같은 세상에서 살고 있는 우리에게 기본적으로 가장 필요한 것은 먹고 마시고 입는 것입니다.

따라서 직장을 가지고 돈을 벌어 생존을 위한 기본적인 문 제, 즉 먹고 입고 자는 문제를 해결해야 합니다. 또한 자녀 교육도 시켜야 합니다.

그러나 이러한 것이 충족되었다고 광야에서 버틸 수 있는 것 은 아닙니다. 이스라엘 백성이 하루 이틀이 아닌 40년 동안이나 광야에서 버틸 수 있었던 힘은 목마를 때 쓴 물이 변하여 단물이 되고, 먹을 것이 없을 때 하늘에서 만나가 비처럼 내리고 메추라 기 떼가 먹을 것이 되고, 바위에서 샘물이 나고, 원수가 공격했을 때 그 원수를 물리친 것이 전부가 아니었습니다. 그들이 광야에서 견딜 수 있었던 더 중요한 버팀목은 바로 '하나님과 동행하는 것'이었습니다.

그러면 어떻게 해야 하나님과 동행할 수 있습니까? 하나님께서는 우리와 같은 인간이 아니고 영이시기 때문에 눈으로 볼 수 없고 귀로 들을 수 없고 손으로 만질 수 없는 분이신데, 그분을 구체적으로 내 삶에서 만날 수 있는 비결이 무엇입니까? 그것은 바로 '말씀'입니다.

그래서 하나님은 이스라엘 백성에게 먹고 마시고 입는 문제에 대한 비밀스런, 그러나 기초적인 축복을 주셨지만 진정한 축복으로 율법을 주신 것입니다.

가장 중요한 것은 말씀인 하나님과 동행하는 것

이스라엘 백성이 광야에서 받았던 가장 핵심적인 축복은 율법과 성막입니다. 이 장에서는 율법의 축복에 대해서 나누겠습니다.

이스라엘 백성은 하나님의 말씀을 받았습니다. 하나님의 말씀을 받았다는 것은 하나님을 받았다는 것입니다. 하나님의 말씀이란 무엇입니까? 그것은 하나님 그 자신을 의미합니다.

하나님께서는 시내산에서 당신의 율법을 이스라엘 백성이 광야에서 살 때 붙들어야 할 지침서로 주셨습니다.

그들은 말씀을 받아먹고 그 말씀과 동행하며 삶으로써 광야 같은 세상에서 40년을 아무 문제없이 지낼 수 있었습니다. 집도 없고 먹을 것도 없는 쓰라린 고통이 변하여 축복이 되는 것을 맛보고 살았습니다.

세상을 사는 비결은 말씀입니다. 만약 말씀이 당신에게 있다면, 하나님의 율법이 당신 마음에 있고 당신이 율법과 동행하며 산다면 분명히 이 광야 같은 세상은 천국으로 변할 것입니다. 출애굽기 19장 1절을 보십시오.

이스라엘 자손이 애굽 땅을 떠난 지 삼 개월이 되던 날 그들이 시내 광야에 이르니라.

이스라엘 백성이 애굽을 떠나서 삼 개월이 되던 때입니다. 그들은 유월절이 있던 니산월에 애굽을 떠났습니다. 그리고 삼 개월이 흐른 뒤 그토록 고대하던 시내산이 있는 광야에 도착했습니다. 그들이 가야 할 곳은 모래가 있는 광야가 아니라 시내산이었습니다.

그들은 시내산으로 가야만 했습니다. 왜냐하면 시내산에는 '명령'이 있었기 때문입니다. 당신도 언제든지 시험에 들면 처음 은

혜 받았던 그 장소, 하나님의 음성을 들었던 그 장소로 돌아가십
시오. 그러면 회복이 됩니다.

시내산은 모세가 하나님에게서 명령을 받았던 자리입니다.
바로와 열 번의 투쟁을 거쳐 천신만고 끝에 홍해를 육지같이 건넜
고, 마실 물이 없는 곳에서 쓴 물이 변하여 단물이 되고, 먹을 것
이 떨어진 사막 길에서 만나가 내리는 기적을 경험한 그는 하나님
께서 자기에게 명령을 내리셨던 시내산에 삼 개월 만에 도착한 것
입니다.

> 그들이 르비딤을 떠나 시내 광야에 이르러 그 광야에 장
> 막을 치되 이스라엘이 거기 산 앞에 장막을 치니라(출 19:2).

드디어 시내산 앞 광야에 온 백성이 장막을 쳤습니다. 그리고
백성들을 남겨두고 모세는 홀로 하나님을 만나기 위해 시내산으
로 올라갑니다.

그 당시는 아무나 하나님을 만날 수 없었습니다. 하나님은 거
룩한 분이시기 때문입니다. 신약 시대 이후 사람들은 얼마나 많은
복을 받고 사는지 모릅니다. 누구든지 예수 그리스도의 이름을
부르면 모두 하나님 앞에 나아갈 수 있게 되었기 때문입니다. 성
소와 지성소 사이를 막았던 휘장을 찢어지게 하신 예수 그리스도
의 보혈의 피를 의지하는 자는 누구든지 하나님을 만날 수 있는

축복을 받은 것입니다.

그러나 구약 시대에는 그렇지 않았습니다. 기름 부음 받은 특별한 사람만 하나님을 만나고 대면할 수 있었습니다.

모세가 하나님 앞에 올라가니 여호와께서 산에서 그를 불러 말씀하기되 너는 이같이 야곱의 집에 말하고 이스라엘 자손들에게 말하라(출 19:3).

시내산에 올라간 모세는 하나님의 명령을 들었습니다.

인생의 벼랑에 선 모세를 만나신 하나님

이것은 아주 감격스러운 장면입니다. 왜냐하면 당시 모세는 그의 인생에 가장 고통스러운 절망과 좌절의 끝에 서 있었기 때문입니다. 사람은 누구나 한 번씩은 벼랑 끝에 서 보게 됩니다. 그럴 때 인간은 정직해집니다.

모세는 40년 동안 광야에서 아무런 소망 없이 짐승처럼 살았습니다. 하나님의 음성을 듣지도 못하고 오로지 양 떼들을 돌보며 살고 있었습니다. 그날도 소망 없이 양 떼를 몰고 시내산 한 기슭을 걷고 있다가 떨기나무를 본 것입니다. 그 떨기나무는 불꽃이었습니다.

그런데 신기하게도 불이 훨훨 타오르고 있는데 나무는 전혀 타지 않았습니다. 이것이 하나님의 불입니다. 보통 불이 나면 전부 다 타버리지만 하나님의 불은 타는데 타지 않습니다. 모세는 거기 서 있는 불꽃에 빨려 들어갑니다. 그리고는 불 가까이 다가갑니다. 그때 하나님의 음성이 들려왔습니다.

"모세, 모세! 이리로 가까이하지 말라. 너의 선 곳은 거룩한 땅이니 네 발에서 신을 벗으라."

지금까지 모세는 하나님을 커튼 뒤에서만 만나왔습니다. 40년 동안, 분명히 하나님은 계시는데 대면하지 못했었습니다. 그러나 모세가 이제 하나님과 정면으로 만납니다. 하나님을 직접 만나고 놀라움을 감추지 못하는 모세에게 하나님께서는 명령을 내리십니다.

> 여호와께서 이르시되 내가 애굽에 있는 내 백성의 고통을 분명히 보고 그들이 그들의 감독자로 말미암아 부르짖음을 듣고 그 근심을 알고 내가 내려가서 그들을 애굽인의 손에서 건져내고 그들을 그 땅에서 인도하여 아름답고 광대한 땅, 젖과 꿀이 흐르는 땅…에 데려가려 하노라(출 3:7-8).

하나님께서 모세에게 당신의 꿈을 이야기하십니다. "애굽의 간역자들의 손에서 4백 년 동안 매일 고통을 겪으며 고생하는 내 백성의 신음 소리를 듣고 내가 그들을 건져내겠다." 이것은 당신의 백성을 향하신 하나님의 꿈이었습니다.

우리에게도 하나님께서 이런 꿈을 이야기해 주시기를 바랍니다.

"내 아들아! 나는 온누리교회를 통해서 이런 일을 하고 싶다. 너희를 통해 내가 21세기에 이런 일을 하고 싶다. 너희 민족의 통일을 이뤄 주고 싶고 전 세계의 모든 백성으로 그리스도의 복음을 듣게 하는 일에 너희 교회를 사용하고 싶다."

하나님께서는 꿈을 말씀하시면서 모세에게 이렇게 명령하십니다.

"이제 내가 너를 바로에게 보낸다. 너는 가서 내 백성 이스라엘 자손을 애굽에서 인도하여 내거라." 이것이 하나님의 명령이었습니다.

모세는 그 명령을 듣고 충격을 받았습니다. 왜냐하면 그는 40년 동안 아무것도 할 수 없다고 생각했고 광야에 홀로 버려진 줄 알았기 때문입니다.

우리가 무능할 때 하나님께서 당신의 유능함을 나타내십니다. 우리가 포기할 때 하나님께서는 일어나시기 시작합니다. 우리가 할 수 있다고 말할 때 하나님께서는 쓰시지 않습니다. 우리가 할 수 없다고 말할 때 하나님께서 쓰시기 시작합니다.

이처럼 하나님께서는 이제 아무짝에도 쓸모없다고 생각하는 모세를 드셔서 이스라엘 백성을 해방시키시기 시작하셨습니다. 모세가 처음부터 순종한 것은 아니었습니다. 모세는 '할 수 없다, 불가능하다, 나는 입이 둔한 사람이라'고 말하며 거절했습니다. 그러나 하나님께서는 집요하게 명령하셨습니다.

"모세! 너는 할 수 있다. 너는 가야 한다."

아마 오늘 이런 명령을 당신에게도 내리실지 모르겠습니다.

모세는 하나님의 명령에 따라 권력의 화신인 바로와 대면하러 애굽으로 당당하게 들어갑니다. 그런데 바로와 싸울 때 모세는 데모하지 않았고 여러 사람의 힘을 동원하지도 않았습니다. 여러 사람이 아니었습니다. 그는 혼자였습니다. 이처럼 영적 싸움은 혼자 하는 것입니다.

열 번의 무서운 영적 싸움이 시작되었습니다. 마지막 싸움에는 장자가 모두 죽는 끔찍한 일까지 생겼습니다. 그러나 그 싸움으로 끝나지 않았습니다. 이스라엘 백성이 홍해 앞에 섰을 때, 그들은 절망이라는 이름 앞에 무너질 수밖에 없었습니다. 앞에는 건널 수 없는 바다가, 뒤에는 수많은 애굽 군대가 바짝 추격하고 있었기 때문입니다. 이것은 바로와의 싸움보다

우리가 무능할 때 하나님께서 당신의 유능함을 나타내십니다. 우리가 포기할 때 하나님께서는 일어나시기 시작합니다. 우리가 할 수 있다고 말할 때 하나님께서는 쓰시지 않습니다. 우리가 할 수 없다고 말할 때 하나님께서 쓰시기 시작합니다.

더 깊은 절망이었습니다. 그렇지만 하나님은 홍해를 갈라 육지처럼 만들어 주셨습니다.

그러나 그것도 끝이 아니었습니다. 홍해를 건너가 보니 젖과 꿀이 흐르는 땅이 아니라 물이 없고 먹을 것이 없는 사막이었습니다. 원수들이 공격하는 핍박이 있는 그런 곳이었습니다. 모세는 그런 광야의 고난을 통과하여 이제 시내산까지 온 것입니다. 즉 하나님께서 시내산에서 자기에게 주셨던 그 명령을 의지하여 광야를 통과하고 천신만고 끝에 하나님께서 처음 명령을 내리셨던 그 자리로 돌아온 것입니다.

애굽에서 행한 모든 일은 하나님께서 하신 것

모세에게는 정말 감격스러운 순간이었습니다. 이때 하나님께서 모세에게 말씀하셨습니다.

내가 애굽 사람에게 어떻게 행하였음과 내가 어떻게 독수리 날개로 너희를 업어 내게로 인도하였음을 너희가 보았느니라(출 19:4).

하나님께서는 애굽에서 행한 모든 일은 '너희가 한 것'이 아니고 '내가 한 것'이라고 말씀하십니다. 열 번의 싸움과 홍해를 가른 것은 모세가 한 것처럼 보이지만 그렇지 않다는 것입니다. 하나님께서 하셨다는 것입니다.

하나님께서는 모세에게 이렇게 하게 한 것은 바로 '나'라고 말씀하셨습니다. 그 어려운 천신만고의 과정을 겪으면서도 이스라엘 백성이 살아남은 것은 독수리가 날개로 새끼를 안은 것같이 "내가 너희를 날개로 보호해서 여기까지 인도해 낸 것"(출 19:4)이라고 말씀하고 계십니다.

당신의 뒤에는 언제나 하나님께서 계신 것을 믿으시기 바랍니다. 그리고 그 하나님께서는 항상 숨어 계시기만 하는 것이 아니라 수면에 부상하듯 나타나셔서 당신에게 말씀하실 줄로 믿습니다.

하나님께서 왜 이스라엘 백성들을 애굽에서 탈출하게 하셔서 독수리 날개로 업듯이 그들을 보호하셨을까요? 무엇 때문에 그 험한 광야 생활과 그 어려운 싸움에서 투쟁하게 하시면서까지 여기로 오게 하셨을까요? 그것은 하나의 약속, 축복을 이루게 하시기 위함이었습니다.

세계가 다 내게 속하였나니 너희가 내 말을 잘 듣고 내 언약을 지키면 너희는 모든 민족 중에서 내 소유가 되겠고 너희가 내게 대하여 제사장 나라가 되며 거룩한 백성이 되리라 너는 이 말을 이스라엘 자손에게 전할지니라(출 19:5-6).

하나님께서 이스라엘 백성을 애굽의 간역자의 손에서 건져내고 홍해를 건너게 하시고 그 험한 광야를 통과하게 하신 이유는 무엇일까요? 그 이유는 그들을 "내 백성 삼기 위함"입니다. 오늘도 하나님은 "너는 내 백성이다. 너는 내 것이다"라고 말씀하십니다.

"놀라지 말고 두려워 말라 나는 너의 하나님 여호와라. 내가 너를 구속하여 불렀나니 너는 내 것이라", "양자로 삼기 위하여, 내 자식을 삼기 위하여, 내 상속자를 만들기 위하여, 내 거룩한 백성을 만들기 위하여, 버려진 사람이었고 마귀의 자식이었지만 마귀 자식으로 죽지 않게 하기 위하여, 내가 너를 건져내기 위하여, 내가 너를 축복하고 내가 너를 내 소유로 만들기 위하여 내가 너를 건졌느니라." 하나님께서는 우리를 향해 이렇게 말씀하시는 것입니다.

하나님께서는 우리를 얼마나 사랑하셨는지, 당신의 아들 예수 그리스도를 십자가에 못 박히게까지 하는 대가를 치르시면서 우리들을 건져내셨습니다. 하나님의 관심은 우리를 자기 백성으로 만드시는 것입니다. 하나님은 크신 사랑으로 그 어떤 대가를 치르더라도 "내가 너에게 복을 주기 위하여 내 소유물로 삼겠다"고 말씀하십니다.

이보다 더 큰 축복이 어디에 있습니까?

누군가 "너는 내꺼야"라고 하면 얼마나 좋습니까? 물론 싫어하는 사람이 그렇게 말한다면 기쁘지 않겠지만 자신이 매우 좋아하는 사람이 그렇게 말한다면 얼마나 좋겠습니까? 하나님께서 이렇게 말씀하십니다.

"너는 내 것이야! 너는 내 소유물이야! 내 백성이야!"

하나님께서 우리를 소유하고 싶으시다는 말입니다. 당신 말에 순종하고 당신 말을 지키면 우리에게 이런 축복을 주고 싶으시다는 말씀입니다.

시내산에서의 언약

시내산에서 주신 이 언약의 내용은 베드로전서 2장 9절에 좀 더 분명하게 나와 있습니다.

그러나 너희는 택하신 족속이요 왕 같은 제사장들이요 거룩한 나라요 그의 소유가 된 백성이니 이는 너희를 어두운 데서 불러내어 그의 기이한 빛에 들어가게 하신 자의 아름다운 덕을 선전하게 하려 하심이라.

시내산의 계약이 신약에 더 자세하게 나와 있는 것입니다. 이 축복을 주시기 위하여 "너를 애굽 땅에서 내가 불러내었고 광야의 그 험한 골짜기를 건너서 여기까지 오게 했다"는 말씀입니다. 이것이 축복입니다.

당신은 왕 같은 제사장입니까? 택하신 족속입니까? 당신은 정말 하나님의 거룩한 나라요 백성입니까? 그렇습니다. 우리는 사탄의 것이 아닙니다. 하나님의 것입니다. 이 축복을 주시기 위해 모세를 시켜서 이스라엘 백성들을 애굽에서 데리고 나오게 하셨습니다.

> 모세가 내려와서 백성의 장로들을 불러 여호와께서 자기에게 명하신 그 모든 말씀을 그들 앞에 진술하니 백성이 일제히 응답하여 이르되 여호와께서 명령하신 대로 우리가 다 행하리이다 모세가 백성의 말을 여호와께 전하매(출 19:7-8).

이것이 설교의 모범입니다. 설교란 설교자가 하나님의 말씀을 듣고 그것을 선포하면 백성들이 "아멘" 하는 것입니다.

모세가 하나님의 음성을 듣고 "당신들은 택하신 족속이요, 왕 같은 제사장이요, 거룩한 나라요, 그의 소유된 백성입니다. 여러분들이 만약 하나님의 음성을 듣고 순종하면 이 축복들이 다 여러분의 것이 될 것입니다"라는 말씀을 선포했더니 백성들이 일

제히 "여호와께서 명하신 대로 우리가 다 행하리이다"라고 응답합니다. 이것을 다른 말로 표현하면 "아멘" 했다는 것입니다. 설교를 들을 때 "아멘"으로 받고 순종하는 사람에게는 실제로 하나님의 약속이 이루어지는 축복이 임합니다.

우리는 여기서 두 가지를 보게 됩니다. 첫째는 "어떻게 이 약속이 우리에게 올 것인가?"입니다. 그것은 순종을 통해서입니다. 말씀에 순종해야 합니다.

신명기 8장을 보면 하나님께서 이스라엘 백성을 40년 동안 광야 길을 걷게 하신 것은 그들을 "낮추시고 시험하시기 위함"이라고 하셨습니다.

하나님께서는 언제든지 우리를 낮추시고 시험하셔서 우리가 말을 듣는지 듣지 않는지 알고 싶어 하십니다. 하나님께서 제일 기뻐하시는 것은 '순종과 헌신'입니다. "제사보다 순종이 낫다"고 하셨습니다. 하나님께서는 순종하는 사람과 겸손한 자를 들어 쓰십니다. 우리에게 능력이 있어서 쓰시는 것이 아니라 순종하기 때문에 쓰시는 것입니다.

또 하나 있습니다. 모세가 다시 한 번 시내산에 올라가는데, 그때 하나님께서 굉장히 강력하게 말씀하시는 것이 있습니다. 그것은 '성결'입니다. 모세가 불꽃나무에 가까이 다가갔을 때 하나님께서는 "모세야, 모세야! 가까이하지 말라. 너 있는 곳은 성결한 곳이니 네 발에 신을 벗으라" 하시며 그를 막으셨습니다.

그렇습니다. 이 축복의 산으로 올라가는 첫째 비결은 '순종'입니다. 그러나 그것만큼 순결과 거룩, 즉 '성결'도 중요합니다.

하나님께서 백성에게 요구하시는 것은 능력이 아니고 순결입니다. 순종과 성결 앞에 하나님께서는 기가 막힌 모습으로 나타나십니다.

셋째 날 아침에 우레와 번개와 빽빽한 구름이 산 위에 있고 나팔 소리가 매우 크게 들리니 진중에 있는 모든 백성이 다 떨더라(출 19:16).

또 출애굽기 19장 18절을 보십시오.

시내 산에 연기가 자욱하니 여호와께서 불 가운데서 거기 강림하심이라 그 연기가 옹기 가마 연기같이 떠오르고 온 산이 크게 진동하며.

하나님께서 제일 기뻐하시는 것은 '순종과 헌신'입니다. "제사보다 순종이 낫다"고 하셨습니다. 하나님께서는 순종하는 사람과 겸손한 자를 들어 쓰십니다. 우리에게 능력이 있어서 쓰시는 것이 아니라 순종하기 때문에 쓰시는 것입니다.

19절에서는 나팔 소리가 점점 커지면서 20절에 이르러 연기가 자욱한 시내 산 꼭대기에 여호와께서 강림하시고, 그곳으로 하나님이 모세를 부르시는 장면이 나옵니다. 구름과 천둥과 번개 속에서 나팔 소리와 함께 연기가 자욱해지면서 하나님의 영광이 시내산에 가득 찼습니다.

우리 교회에도 하나님의 영광이 가득 차서 성전에 들어오기만 하면 모든 사람이 하나님의 영광에 감전되면 좋겠습니다. 죄 있는 사람이 들어오자마자 고꾸라지고 귀신이 떠나가는 곳이 되었으면 좋겠습니다.

시내산에는 하나님의 영광의 구름이 가득 찼습니다.

하나님께서 계신 곳에서 소리 지르고 싸우고 건방지고 무례한 태도를 보인다면 그곳을 어찌 성전이라고 할 수 있겠습니까? 아무리 겉을 거룩하게 장식했다 하더라도 그 속에 서로 싸우고 소리 지르고 헐뜯는 세상적인 모습이 가득하다면 그곳은 시장 바닥과 다를 바가 없습니다. 하나님의 집은 거룩과 하나님의 영광과 위엄이 있는 곳입니다.

그때 그곳에서 하나님께서는 모세를 부르셔서 "너는 내 것이라, 내 백성이다. 너는 제사장이고 내가 너에게 복을 주겠다" 하시며 축복하셨습니다. 그 다음 연기와 나팔 소리와 번개와 천둥과 불 속에서 모세를 부르셨습니다. 그 이유는 이스라엘에 율법을 주시기 위함이었습니다. 이것은 중요합니다. 이것이 축복의 열쇠이기 때문입니다.

하나님이 이 모든 말씀으로 말씀하여 이르시되 나는 너

를 애굽 땅, 종 되었던 집에서 인도하여 낸 네 하나님 여
호와니라 너는 나 외에는 다른 신들을 네게 두지 말라(출
20:1-3).

위 말씀은 하나님의 율법인 십계명이 선포되는 장면입니다.
그리고 이스라엘 백성이 광야에서 살 수 있는 지침들이 선포됩니
다. 하나님께서는 율법을 통해 백성들이 지켜야 할 덕목과 하지
말아야 할 행동들을 선포하셨습니다.

율법을 받는 것만큼 더 큰 축복은 없습니다. 율법은 완전하
고 의롭습니다. 율법은 축복입니다.

말씀은 축복이요 등과 빛이다

여호와의 율법은 완전하여 영혼을 소성시키며 여호와의
증거는 확실하여 우둔한 자로 지혜롭게 하며 여호와의
교훈은 정직하여 마음을 기쁘게 하고 여호와의 계명은
순결하여 눈을 밝게 하시도다 여호와를 경외하는 도는
정결하여 영원까지 이르고 여호와의 법도 진실하여 다
의로우니 금 곧 많은 정금보다 더 사모할 것이며 꿀과 송
이꿀보다 더 달도다(시 19:7-10).

하나님의 말씀은 어떤 검보다도 예리하여 우리의 영과 혼과 관절과 골수를 찔러 쪼갭니다. 또한 시편 119편 105절에서는 "주의 말씀은 내 발의 등이요 내 길에 빛이니이다"라고 했습니다. 이 광야 같은 캄캄한 세상을 살아갈 때 어떤 소망을 가질 수 있겠습니까? 집도 없고 먹을 것도 없고 춥고 배고픈 이런 기막힌 광야라는 악조건 속에서 하나님의 백성이 40년 동안 승리하며 살 수 있었던 비결은 율법이었습니다. 말씀이었습니다.

승리하며 사는 비결은 예나 지금이나 똑같습니다. 세상에 제일 웃기는 사람들은 주일에 딱 한 번 예배드리고 자신이 신앙생활을 잘하고 있다고 착각하는 사람들입니다.

어제 먹은 밥이 내일 배고픈 것과 무슨 상관이 있습니까? 오늘 음식은 오늘 먹어야 합니다. 아무리 오늘 잘 먹었다고 하더라도 그 배부름이 내일까지 가지 않습니다. 내일 먹을 양식은 내일 먹어야 합니다.

하나님의 말씀을 매일 배불리 먹기 바랍니다. 그래서 새벽 기도에 나오기를 당부하는 것입니다. 새벽 기도에 나올 수 없는 사람들은 집에서 큐티를 하십시오. 매일 30분 이상은 말씀을 묵상해야 합니다. 우리가 말씀 안에 있다는 것은 하나님께서 우리 안에 계시다는 말입니다. 우리가 말씀을 먹으면 하나님께서 우리 속에 거하시게 됩니다. 말씀과 함께 있는 것은 하나님과 동행하는 것입니다.

광야에서 살 수 있는 비결은 다른 데 있지 않습니다. 우리가 외롭고 고독하고 상처받는 모든 원인은 하나님의 말씀 안에 있지 않기 때문입니다. 말씀 안에 있는 사람은 배고프지 않습니다. 말씀 안에 있는 사람은 상처받지 않습니다. 건강한 사람은 웬만큼 때려도 아프지 않습니다. 그러나 아픈 사람은 조금만 건드려도 고통스러운 것입니다.

영혼이 건강하면 아무리 파도가 치고 폭풍우가 몰아쳐도 요동치 않습니다. 세상에 불경기가 와도 아무 문제가 없습니다. 이스라엘 백성이 말씀을 붙잡고 광야 생활 40년을 버텼던 것처럼 말씀을 읽고 듣고 연구하고 묵상하고 외움으로써 그 말씀이 우리 안에 들어올 수 있게 되기를 바랍니다.

율법의 축복을 경험하라

온누리교회는 올해(1998년) 창립 13주년을 맞이하면서 하나의 전환점을 갖게 됩니다. 자동차 운전을 예로 들어 설명하자면, 지금까지 3단으로 달리다가 이제 4단으로 달리기 위해 기어를 바꿀 때입니다. 이제는 새롭게 변할 것입니다. 지나온 것들을 뒤돌아보며 앞으

우리가 말씀 안에 있다는 것은 하나님께서 우리 안에 계시다는 말입니다. 우리가 말씀을 먹으면 하나님께서 우리 속에 거하시게 됩니다. 말씀과 함께 있는 것은 하나님과 동행하는 것입니다.

로의 온누리 비전을 나누고자 합니다.

우리 교회를 대표하는 두 가지 양육 프로그램이 있는데 그것은 바로 '일대일 제자 양육'과 '큐티'입니다. '큐티'하지 않는 사람은 온누리교회 교인인지 아닌지 의심해 봐도 괜찮습니다. '일대일 제자 양육'을 하지 않는 사람은 온누리교회 사람이 아닐 수도 있다고 말할 수 있어야 합니다.

그래서 저는 부목사님들에게 나부터 일대일 제자 양육을 하겠다고 말했습니다. 그러자 목사님들이 "누구에게는 기회를 주고 누구에게는 기회를 주지 않느냐", "편애하느냐"는 이야기가 나올 거라고 걱정을 했습니다. 그럼에도 불구하고 "저부터 일대일 제자 양육을 새롭게 시작하고자 하니 부목사님들도 다 일대일 제자 양육을 하라"고 말했습니다.

일대일 제자 양육 프로그램을 가르칠 수 있는 일대일 지도자 과정을 마친 수료자 중에 50퍼센트가 쉬고 있다고 합니다. 그런 분들은 말씀을 가르칠 수 있는 것이 복인 것을 깨닫고 도전받으시기 바랍니다. 배울 때보다 가르칠 때 더 많은 은혜를 받습니다.

배울 때는 졸지만 가르칠 때는 눈을 똑바로 뜨게 됩니다. 배울 때는 결석해도 되지만 가르칠 때는 절대로 빠질 수 없습니다. 신앙생활이 보다 성숙해지려면 가르치는 자리로 빨리 들어가야 합니다. 한 영혼을 안고 고민을 해 봐야 합니다. 이것은 축복입니다. 이런 축복이 당신에게 있기를 바랍니다.

'율법'은 광야에서 받은 또 하나의 소중한 축복입니다. 하나님의 말씀은 흙 도가니에 일곱 번 연단한 금처럼 아름답고 순결한 것입니다.

하나님의 말씀 안에 거하십시오. 말씀을 붙잡으십시오. 말씀을 연구하십시오. 최소한 하루에 30분 이상 말씀과 동행하십시오. 그럴 때 하나님께서는 광야에 사는 여러분에게 축복을 허락하여 주실 것입니다.

기 도

하나님 아버지,

광야에 사는 우리들은 외롭고 허전하고

고통스럽고 수많은 시련을 겪습니다.

주님,

우리가 주님의 율법인 말씀으로 다 소성하게 하여 주시고,

영적으로 부강하게 하여 주셔서 승리하게 하소서.

예수님의 이름으로 기도합니다.

아멘.

하늘아, 기뻐 소리치라. 땅아, 즐거워하라!
산들아, 노래 부르라!
여호와께서 그분의 백성들을 위로하시고
고난을 당하던 사람들을
불쌍히 여기셨다.

이사야

6장

성막의 축복

우리에게 진정한 행복은 하나님과 함께 있는 것입니다.
성막에서 우리는 하나님을 만나고 용서받고 치유되고 회복되며,
다시 세상을 향해 나갈 힘을 얻습니다.

출애굽기 25:1-9

여호와께서 모세에게 말씀하여 이르시되 이스라엘 자손에게 명령하여 내게 예물을 가져오라 하고 기쁜 마음으로 내는 자가 내게 바치는 모든 것을 너희는 받을지니라 너희가 그들에게서 받을 예물은 이러하니 금과 은과 놋과 청색 자색 홍색 실과 가는 베 실과 염소 털과 붉은 물 들인 숫양의 가죽과 해달의 가죽과 조각목과 등유와 관유에 드는 향료와 분향할 향을 만들 향품과 호마노며 에봇과 흉패에 물릴 보석이니라 내가 그들 중에 거할 성소를 그들이 나를 위하여 짓되 무릇 내가 네게 보이는 모양대로 장막을 짓고 기구들도 그 모양을 따라 지을지니라.

우리는 앞에서 율법, 즉 말씀의 축복을 나누었습니다. 광야는 사람이 살 수 없는 곳입니다. 그곳에는 사막이 있고 죽음이 있습니다. 농사도 지을 수 없고 먹을 물도 없습니다. 하나님께서는 이스라엘 백성을 이런 광야에 40년 동안 두셨습니다.

하나님을 바라보면 광야가 축복으로

우리가 살고 있는 세상이 바로 광야입니다. 우리 주변에는 죽음이 있고 고통이 있고, 얼마나 많은 어려움이 있는지 모릅니다. 산다는 것 자체가 너무도 어렵고 힘듭니다.

그럼에도 불구하고 하나님께서는 우리를 이 광야 같은 세상에서 살게 하십니다. 왜냐하면 광야에는 비밀이 있기 때문입니다. 믿음이 있는 사람들은 이 비밀을 볼 수 있습니다.

또 기적이 있기 때문입니다. 광야는 어렵고 고통스러운 곳입니다. 하지만 하나님을 바라보고 신뢰하는 사람에게 이 광야는 순식간에 피는 장미꽃같이 풍성한 옥토로, 축복의 장소로 변할 것입니다.

우리는 지금까지 어떻게 하면 기적과 복을 받으면서 살 수 있는지를 배웠습니다. 하나님께서는 쓴 물을 단물로 바꾸어 주셨고, 먹을 음식이 없었을 때 하늘에서 만나를 내려 주셔서 배불리 먹게 해 주셨습니다. 또한 원수들, 즉 아말렉 군대가 공격해 올 때 그들을 막아 주셨습니다. 뿐만 아니라 바로 앞 장에서는 광야 같은 이 세상을 살 수 있는 기가 막힌 축복이 바로 '말씀의 축복'임을 살펴보았습니다.

이 모든 것을 통해 행복의 기준은 '무엇을 가졌느냐, 많이 가졌느냐'가 아니라 '누구와 함께 있느냐'라는 사실을 알 수 있습니다.

내가 좋아하는 사람과 함께 있으면 행복합니다. 이처럼 진정한 행복은 하나님과 함께 있는 것입니다. 아무리 환경이 어려워도 우리를 만드시고 우리를 창조하신 그분이 우리와 함께 계시기만 한다면 안심할 수 있습니다. 마실 물이 없어도, 먹을 음식이 없어도 괜찮습니다. 고난이 있어도 괜찮습니다. 하나님이 계시기 때문입니다.

하나님께서는 우리에게 축복으로 당신의 말씀을 주셨습니

다. 말씀을 받는 것보다 더 큰 복은 없습니다. 왜냐하면 말씀은 하나님 자신이기 때문입니다.

이스라엘 백성들은 모세를 통하여 말씀을 받았습니다. 말씀은 선하고 거룩하며 완전한 것입니다. 하나님의 말씀 속에 기적이 있습니다. 하나님의 말씀은 우리 인생의 빛이요, 등불이 됩니다. 말씀이 있으면 우리는 인생을 어떻게 살아 나가야 할지 알게 됩니다.

제게 "이 세상에서 가장 좋은 것을 하나 말하라"고 한다면 "성경 말씀"이라고 대답할 것입니다. 이것 하나만 가지고도 만사 형통하는 줄로 믿습니다.

이스라엘 백성들이 광야에서 방황할 때 하나님께서는 그들에게 말씀을 주셨습니다. 그러나 지금 이 시간에는 "과연 우리가 말씀만 가지고서 진정 잘살 수 있는가?"라는 문제를 제기하고자 합니다.

말씀 앞에 절망한 이스라엘에게 성막을 주심

율법은 거룩하고 선하고 완전한 것입니다. 그러나 우리는 그 율법을 모두 지킬 수가 없습니다. 우리가 그 말씀을 다 지킬 수만 있다면 고민할 것이 전혀 없이 감사함으로 그것을 누리면 됩니다.

그 말씀은 우리에게 지혜를 주고, 우리를 정결케 하고, 우리를 영원까지 이르게 하는 축복을 줍니다.

그렇지만 우리는 그 말씀을 다 지킬 수 없기 때문에 고민에 빠집니다. 율법은 선하고 의로운 것이지만 율법으로는 구원받을 수 없습니다. 사람은 자기 행위로 구원받지 못합니다. 구원은 율법으로 얻어지지 않고 은혜로 얻어지는 것입니다.

우리가 가진 갈등의 원인은 하나님 말씀인 율법을 가지고 있으면 좋기는 한데, 그 말씀을 지키지 못한다는 데 있습니다. 예를 들어 율법은 "간음하지 말라"고 했습니다. 그렇습니다. 간음하면 안 됩니다. 그런데 인간은 본래 음란합니다.

성경은 "도둑질하지 말라"고 말합니다. 그런데 우리는 남의 것이 갖고 싶어집니다. "거짓말하지 말라"고 했는데 거짓말하고, "싸우지 말라"고 했는데 자꾸 싸웁니다. 그래서 율법을 보면 볼수록 우리는 더 큰 죄인이 되는 것 같습니다. 율법이 없으면 차라리 죄인이 아닌데 율법이 있기 때문에, 말씀이 있기 때문에 우리가 더 큰 죄인이 되고 마는 것입니다.

말씀은 선하고 거룩하며 완전한 것입니다. 하나님의 말씀 속에 기적이 있습니다. 하나님의 말씀은 우리 인생의 빛이요, 등불이 됩니다. 말씀이 있으면 우리는 인생을 어떻게 살아 나가야 할지 알게 됩니다.

그렇다면 어떻게 해야 합니까? 말씀만 가지면 다 해결됩니까? 아닙니다. 죄의 문제를 해결해 주는 장치가 필요합니다. 하나님은 너무나 좋으신 분이시기에, 인간이 이렇게 연약한 것을 아시고 하나님의 말씀인 율법을 주심과 동시에 다시 한 번 모세를 산으로 불러 올리십니다.

> 모세는 구름 속으로 들어가서 산 위에 올랐으며 사십 일 사십 야를 산에 있으니라(출 24:18).

처음에 모세를 산으로 불러 올리셨을 때 하나님께서는 돌판 위에 말씀을 새겨 주셨습니다. 그러나 하나님은 말씀을 주신 것으로 끝내지 않으십니다. 말씀만 받는 인간은 절망할 수밖에 없다는 것을 아시는 하나님께서는 40일 주야로 모세에게 또 다른 비밀을 가르쳐 주십니다. 그것이 바로 '성막'입니다.

성막의 축복은 바로 이것입니다. 말씀의 축복과 함께 성소와 성막의 축복을 받게 되기를 바랍니다. 성막의 축복은 구체적으로 무엇일까요?

> 여호와께서 모세에게 일러 말씀하여 이르시되 이스라엘 자손에게 명령하여 내게 예물을 가져오라 하고 무릇 즐거운 마음으로 내는 자가 내게 바치는 모든 것을 너희는 받을지니라(출 25:1–2).

하나님께서는 이스라엘 백성들에게 "내가 거처하는 집을 짓기 위해서 너희들은 나에게 예물을 가져오라"고 말씀하십니다.

출애굽기 25장 3절에서부터 7절까지 그 예물의 종류가 나와 있습니다. 3절부터 보겠습니다.

> 너희가 그들에게서 받을 예물은 이러하니 금과 은과 놋과 청색 자색 홍색실과 가는 베실과 염소 털과 붉은 물들인 숫양의 가죽과 해달의 가죽과 조각목과 등유와 관유에 드는 향품과 분향할 향을 만들 향품과 호마노며 에봇과 흉패에 물릴 보석이니라.

그 다음에 중요한 말이 8절에 있습니다.

> 내가 그들 중에 거할 성소를 그들을 시켜 나를 위하여 짓되.

하나님께서 당신이 거하실 집을 짓기 위하여 이런 축복의 명령을 내리셨습니다. 3절부터 물건의 종류들이 많이 나오는데, 이것을 하나님께로 가져오라고 하십니다. 여기에 있는 물건 하나하나는 하나님의 집을 짓는 데 필요한 물건들입니다.

하나님의 성소를 만들기 위해 기본적으로 필요한 재료가 아카시아 나무입니다. 그리고 그 나무를 금으로 쌉니다.

4절을 보면 하나님께서 실을 가져오라고 하셨습니다. 성소와 지성소 사이에 휘장이 놓여 있었는데 그 휘장은 청색, 홍색, 자색, 흰색, 4가지 가는 베실로 수를 놓아 만든 것입니다.

또 '해달의 가죽'이라는 말이 나오는데, 이것은 홍해 앞바다에서 나오는 물개 같은 짐승의 가죽입니다. 해달의 가죽은 성소 지붕 끝에 씌우는 가죽으로 사용되었습니다.

그 다음, 7절을 보면 호마노며 에봇과 흉패에 물릴 보석을 가져오라고 하십니다. 이것으로 제사장이 입는 '에봇'이라는 옷에 열두 지파를 상징하는 보석 열두 개를 답니다. 그래서 호마노며 보석이 필요한 것입니다.

기쁨으로 드리는 우리의 모든 것을 쓰시는 하나님

이것이 축복입니다.

여러분이 가지고 있는 것을 하나님이 쓰시겠다는 것이 얼마나 기분 좋은 일입니까? 이는 빼앗기는 것이 아닙니다. 이것이 헌금이며 헌신입니다. 내 인생을 하나님이 쓰시겠다는 것입니다.

하나님께서는 이스라엘 모든 백성에게 너희들이 가지고 있는 것 중에서 하나님의 집을 짓는 데 필요한 것은 다 예물로 받겠다고 말씀하십니다.

그러나 그분은 아무 예물이나 받지 않으십니다. 조건이 하나 있습니다. 2절을 다시 보십시오. 드리는 사람이 즐거운 마음으로 드려야 한다는 것입니다. 하나님께서는 억지로 내는 것이나 체면으로 내는 것을 싫어하십니다. 마음을 다해 기쁨으로 내는 것을 좋아하십니다.

"하나님, 어떻게 내 것을 다 쓰십니까?" 하며 너무 좋아서 내는 것만으로도 우리에게는 분에 넘치는 일 아니겠습니까? 이것이 하나님의 일입니다. 그렇게 해서 세워지는 것이 하나님의 집입니다. 하나님은 당신이 거하시는 집을 만들어 주시겠다고 하셨습니다.

> 내가 그들 중에 거할 성소를 그들을 시켜 나를 위하여 짓되 무릇 내가 네게 보이는 대로 장막의 식양과 그 기구의 식양을 따라 지을지니라(출 25:8-9).

여기서 보면 성막이란 하나님께서 친히 거하실 집입니다.

왜 성막이 축복인가를 광야 같은 세상을 사는 우리는 깨달아야 합니다. 왜 성소는 축복일까요? 하나님이 그 속에 계시기 때문입니다. 하나님을 만나는 것보다 더 큰 축복이 어디 있습니까?

하나님은 우주를 만든 분이십니다. 해와 달과 별과 이 세상의 모든 것을 만

하나님께서는 억지로 내는 것이나 체면으로 내는 것을 싫어하십니다. 마음을 다해 기쁨으로 내는 것을 좋아하십니다.

드셨습니다. 이 세상에 하나님이 계시지 않은 곳은 한 군데도 없습니다. 그렇기 때문에 오히려 하나님을 만나기가 쉽지 않습니다. 진짜 하나님을 만나기가 어렵습니다. 왜냐하면 하나님은 육체가 아니고 영이시기 때문입니다.

"하나님은 영이시니 예배하는 자가 영과 진리로 예배할지니라"(요 4:24)고 했는데, 우리에게는 영도 있지만 육체도 있습니다. 영으로 하나님을 섬기는 것은 예배드리면 되지만 육신으로 하나님을 만나고 섬기는 일은 그렇게 쉽지 않습니다.

그래서 하나님께서는 당신의 아들 예수님을 인간의 몸으로 세상에 보내셨습니다. 그래야 인간이 제일 쉽게 알아볼 수 있기 때문입니다. 하나님께서 친히 인간이 되셨습니다. 이해할 수 없는 일이지만 하나님께서는 그런 방법으로 우리를 구원하기로 하셨습니다. 베들레헴의 말구유에 제일 낮은 인간으로 오신 분이 하나님이십니다. 그분이 십자가에 못 박혀 돌아가셨습니다.

"너를 내가 구원한다"라고 말만 하면 될 텐데 하나님께서는 그런 방법을 쓰지 않으십니다. 하나님께서는 직접 십자가에 달려 돌아가심으로써 우리 인간을 구원하셨습니다.

이것이 바로 하나님의 사랑입니다.

하나님께서 이스라엘 백성들에게 "내가 너와 만날 장소를 하나 만들어 놓겠다"고 말씀하십니다. 이 얼마나 감사한 일입니까? 우리들이 여기저기에서 방황하지 않도록 딱 한 곳에서 정기적으로 우리를 만나 주시겠다는 것입니다. 성소에 들어가면 하나님을 만나게 되는 것입니다.

용서받고 위로받고 회복되는 상처

성막의 축복이 무엇인지 압니까? 율법대로 살지 못하고 지은 죄를 용서받는 자리가 바로 성막입니다. 만약 성막이 없었다면 우리는 절망하고 말았을 것입니다.

말씀은 죄를 깨닫게 합니다. 그러나 지은 죄를 해결해 주지는 못합니다. 그렇다면 우리가 지은 죄를 어떻게 해결할 수 있습니까?

죄를 해결하는 것은 '십자가'입니다. 하나님을 만나서 하나님으로부터 죄 사함을 받아야 하는 것입니다. 하나님을 만나고 죄 사함을 받는 장소가 바로 성막입니다. 이를 위해 하나님께서는 우리에게 성막을 주셨습니다. 이스라엘 백성들이 와서 죄 용서를 받을 수 있도록 성막을 주신 것입니다.

하나님께서는 일 년에 한 번씩 내가 죽을 수 없으니까 염소나 양이나 송아지를 대신 죽게 함으로써 그 피를 성소에 가서 뿌리게 하셨습니다. 그럼으로써 내 죄를 용서받도록 길을 열어 주신 것입니다. 이것이 바로 성소의 축복입니다.

또 한 가지 축복이 있습니다.

성소에 들어가면 그동안 하나님께서 행하신 모든 일들에 대해 감사하는 마음이 생깁니다. 그래서 하나님의 백성들은 성소에 들어가서 감사제를 드리는 것입니다. 또 하나님께 경배하고 예배하고 찬양하고 싶을 때 언제든지 성소에 가서 그분을 경배하고 예배하고 찬양할 수 있습니다. 이것이 성막을 통한 또 하나의 축복입니다.

이렇듯 성소에 들어가면 죄를 용서받고 회복이 이루어집니다. 성소에 들어가면 감사가 넘칩니다. 성소에 들어가면 경배와 찬양이 흘러넘칩니다. 하나님께서 다시 나를 깨끗하게 해 주시고 새롭게 거듭나게 해 주셔서 그 더럽고 추잡하고 형편없던 나를 순결하게 하신 후 이 세상으로 돌려보내십니다. 이러한 축복 때문에 이스라엘 백성들은 40년 동안 광야에서 안심하고 살 수 있었습니다.

광야에서 40년 동안 축복받았던 성소가 바로 오늘날의 교회입니다. 당신은 예수님을 믿고 구원받았습니까? 그런데 만약 교회가 없다면 어떻게 하겠습니까? 얼마나 방황했겠습니까? 이 세상에서 예수 믿고 제일 불쌍한 사람이 교회를 정하지 못하고 여기저기 돌아다니는 사람입니다. "오늘은 이 교회, 내일은 저 교회" 하는 사람은 장례식 치를 곳도 없습니다. 자기가 제사 드리는 제단, 자기가 위로받을 곳, 자기가 치유받을 곳, 자기가 회복받을 곳이 없다면 그 사람은 예수 믿지 않는 사람들과 똑같이 방황하게 됩니다.

축복 중에 축복은 우리가 나와서 예배드릴 곳이 있다는 것입니다. 기도하고, 눈물 흘리고, 하소연하고, 하나님으로부터 용서를 받고, 위로와 격려를 받고 세상을 향하여 다시 나갈 수 있는 그런 장소가 있다는 것입니다.

이스라엘 백성이 광야 생활 40년을 넉넉히 버틴 이유는 바로 '성소' 때문입니다. 그들은 하나님의 말씀을 받았고 하나님이 주신 만나를 먹었습니다. 쓴 물이 변하여 단물이 되는 것도 보았고 원수도 다 물리쳤습니다.

그러나 그보다 더 중요한 것은 매일매일 절망하고 좌절하고 실수를 반복하는 그들이 회개하고 죄 용서와 위로를 받고 하나님께 새 힘을 얻어 다시 광야로 나갈 수 있게 하는 성소가 있었다는 것입니다. 그 때문에 이스라엘 백성들은 40년 동안 닥친 온갖 고비들을 넉넉히 이길 수 있었습니다.

바로 이것이 교회입니다. 이런 의미에서 저는 교회의 책임이 얼마나 큰지 매일 절감하고 있습니다.

교회가 불행하면 개인의 영적인 생활도 불행해지고, 교회가 행복하면 개인도 행복해집니다. 교회가 시끄러우면 내 생활까지 얼마나 복잡해지는지 모릅니다. 그러나 교회에서 날마다 기적이 일어나고 축복이 넘치고 찬송이 흘러넘치고 예배가 이루어지면,

또 그 예배를 잘 드리고 나면 일주일 동안 구름에 떠다니듯 기분이 좋습니다. 말씀 한 번 받으면 그렇게 신나고 좋을 수 없습니다.

이것이 바로 교회입니다. 이것이 성막입니다. 이스라엘 백성들은 성막 때문에 40년을 넉넉히 버티고 살 수가 있었던 것입니다.

교회는 어떤 곳입니까? 교회는 단순한 건물이 아닙니다. 교회는 교파나 제도가 아닙니다. 교회를 건물이나 교파나 제도로 생각하기 때문에 교회에서 살아 계신 하나님을 만나기 어려운 것입니다.

교회에 와서 하나님을 만나야 합니다. 교회는 사람을 만나는 곳이 아니라 하나님을 만나는 곳입니다.

여기서 누구로부터 위로를 받아야 합니까? 하나님입니다. 하나님으로부터 위로를 받고 다시 세상으로 나가게 하는 것이 광야에 있는 성막이요, 교회입니다. 하나님은 여러분을 위하여 성막의 축복을 예비해 주셨습니다.

구약의 성막은 예수 그리스도와 교회의 성도

중요한 것은 이 성막이 바로 우리 자신이라는 것입니다.

너희 몸은 너희가 하나님께로부터 받은 바 너희 가운데
계신 성령의 전인 줄을 알지 못하느냐 너희는 너희의 것
이 아니라(고전 6:19).

우리 몸이 교회입니다. 그러므로 우리에게는 하나님의 몸인
이 교회를 깨끗하게 만들고 거룩하게 만들 책임이 있습니다. 하나
님의 교회인 우리 몸이 깨끗하면 우리 모두는 이 세상에서 승리
하며 살 수 있습니다.

값으로 산 것이 되었으니 그런즉 너희 몸으로 하나님께
영광을 돌리라(고전 6:20).

또 로마서 12장 1절에 우리가 잘 아는 말씀이 있습니다.

그러므로 형제들아 내가 하나님의 모든 자비하심으로
너희를 권하노니 너희 몸을 하나님이 기뻐하시는 거룩한
산 제물로 드리라 이는 너희가 드릴 영적 예배니라.

교회는 건물이 아니라 그리스도의 몸입니다.
율법으로 말미암아 절망한 인간이 성소에 들어가면 예수님
을 만납니다. 구약에 나타난 성막은 바로 예수 그리스도를 의미합

니다. 우리는 예수님이 오신 이후 예수님을 만나서 믿고 예수님으로 말미암아 죄 사함을 받았지만, 구약 시대의 사람들은 성막에 들어가서 예수님을 느끼고 만났습니다. 거기서 죄 용서함을 받고, 회개를 하고, 회복을 하고, 변화를 받고, 위로를 받았던 것입니다.

이 광야 같은 세상에서 매일매일 승리하며 사는 비결은 예수님을 매일 만나는 것입니다. 십자가와 부활 앞에 매일 나아가는 것입니다. 매일 성령의 삶을 살 때 하나님께서 우리의 삶에 풍성한 은혜를 더하여 주시리라고 믿습니다.

교회를 잘 선택해야 합니다. 그리고 내가 다니는 교회가 정말 성령님이 임하시고 하나님이 임재하시는 교회가 되도록 힘써 기도해야 합니다. 마귀의 최대 전략은 교회가 싸움을 하도록 하는 것입니다. 교회에서 싸움이 나면 어떻게 됩니까? 부부가 싸우고 이혼하는 것같이 됩니다. 부모 된 부부가 싸우고 이혼하면 자식들은 다 방황합니다.

마귀는 모든 수단과 방법을 동원해서 우리가 다니는 교회에 자꾸 싸움을 일으키고 교회를 분열시켜서 교인들이 신앙생활을 제대로 못하도록 만든다는 사실을 기억하십시오.

그리고 당신들만은 교회를 비판하지 마십시오. 당신의 교회를 사랑하십시오. 당신의 교회가 부족하면 눈물로 기도하십시오. 그리고 좋은 교회를 만드십시

하나님으로부터 위로를 받고 다시 세상으로 나가게 하는 것이 광야에 있는 성막이요, 교회입니다. 하나님은 여러분을 위하여 성막의 축복을 예비해 주셨습니다.

오. 그래야 할 이유는 교회가 행복해야 내가 행복하기 때문입니다. 교회에서 싸움이 일어나면 어디에 가나 마음이 편하지 않습니다. 왜냐하면 교회와 나는 별개가 아니기 때문입니다. 교회의 축복이 우리 개인의 축복의 비결임을 기억하기 바랍니다.

우리 각자가 다니는 교회를 눈물이 있고, 기도가 있고, 감사가 있고, 위로가 있고, 축복이 있는 교회로 만들 때, 이 광야 같은 세상은 축복의 도시로 변하게 될 것입니다. 예수 그리스도는 성막의 주인이시며 교회의 주인이십니다. 예수 그리스도가 높여질 때, 우리의 삶에 고통과 염려와 근심과 걱정이 있다 할지라도 하나님의 축복은 계속될 것입니다.

기 도

살아 계신 하나님 아버지,

광야에서 방황하던 이스라엘 백성들에게

하나님은 성막을 주셨습니다.

그 성막 안에는 그리스도가 계셨습니다.

그들은 이 성막을 통해 용서받고 위로를 얻고

그리고 축복을 받았습니다.

사랑하는 우리 성도들에게도

동일한 성막의 축복을 허락하여 주소서.

그리스도를 만나게 하소서.

예수님의 십자가 앞에 회개하게 하시고

예수님의 부활과 함께 승리하게 하여 주소서.

저들에게 거룩한 삶을 주시고

축복의 삶을 허락하여 주소서.

예수님의 이름으로 기도합니다.

아멘.

갑자기 밀려오는 재앙을 두려워하지 말고
악인들에게 멸망이 닥쳐도 두려워하지 마라.
여호와는 네가 의지할 분이시니
네 발이 걸려 넘어지지 않게 지켜 주실 것이다.

솔로몬

7장

불 기둥과
구름 기둥의 축복

지금 우리가 살고 있는 현실은 광야입니다.
그렇다고 두려워하거나 놀라지 마십시오.
우리의 대장되신 예수 그리스도가 우리를 인도하고 계십니다.
불꽃 같은 눈으로, 구름 기둥과 불 기둥을 통해 당신을 인도하십니다.

출애굽기 40:34-38

구름이 회막에 덮이고 여호와의 영광이 성막에 충만하매 모세가 회막에 들어갈 수 없었으니 이는 구름이 회막 위에 덮이고 여호와의 영광이 성막에 충만함이었으며 구름이 성막 위에서 떠오를 때에는 이스라엘 자손이 그 모든 행진하는 길에 앞으로 나아갔고 구름이 떠오르지 않을 때에는 떠오르는 날까지 나아가지 아니하였으며 낮에는 여호와의 구름이 성막 위에 있고 밤에는 불이 그 구름 가운데에 있음을 이스라엘의 온 족속이 그 모든 행진하는 길에서 그들의 눈으로 보았더라.

이스라엘 백성은 광야에서 40년 동안 지내면서 고통 가운데 있었지만 엄청난 복을 받았습니다. 좋은 환경 가운데 사는 분들은 축복의 소중함을 잘 모르는데 오히려 고난 중에 있는 사람들이 축복의 비밀을 알고 있는 경우를 자주 보아 왔습니다. 밥 한 그릇을 놓고도 감사하고, 어려운 중에도 하나님께서 새로운 복을 주실 때마다 눈물을 흘리며 감격하는 분들을 많이 보아 왔습니다.

이스라엘 백성들이 처한 환경은 고통스러웠습니다. 그러나 환경이 그들의 축복을 빼앗지는 못했습니다. 그들은 쓴 물이 단물이 되고 하늘에서 만나를 비같이 내려 주시는 축복을 경험했습니다. 바위에서 샘물이 터지고 원수들이 공격할 때 하나님께서 지켜 주시는 것도 경험했습니다.

무엇보다 좋은 것은 말씀을 받은 축복이었습니다. 그리고 예배할 수 있고 하나님을 만날 수 있는 성막의 축복도 받았습니다.

당신은 얼마나 많은 축복을 받았습니까? 사람들 중에는 축복을 받아 놓고도 받은 줄 모르는 사람이 있는가 하면, 조그만 것에서도 하나님의 축복을 깨닫고 감사하는 사람들이 있습니다.

광야의 축복 중 마지막 대미를 장식할 축복이 남아 있는데, 그것은 '구름 기둥'과 '불 기둥'의 축복입니다. 광야의 삶을 사는 우리에게도 구름 기둥과 불 기둥의 축복이 있기를 바랍니다.

대미를 장식할 광야의 축복

'구름 기둥'과 '불 기둥'의 축복에는 두 가지 의미가 있습니다. 출애굽기 39장과 40장을 보면 구름 기둥과 불 기둥의 축복이 두 가지로 요약되어 있습니다.

첫째, 구름 기둥과 불 기둥이 임하는 곳에 하나님의 영광이 가득 차기 시작합니다. 사람이 들어갈 수 없을 정도로 엄청난 하나님의 영광이 그 속에 있게 됩니다. 다시 말하면, 하나님의 영광과 임재의 축복을 가리켜 구름 기둥과 불 기둥의 축복이라고 말하는 것입니다.

이 축복의 또 다른 의미는 구름 기둥과 불 기둥이 마치 '나침반과 같은 것'이라는 데 있습니다. 우리는 광야 같은 세상에 삽니다. 어찌 보면 우리는 태평양 한가운데 떠 있는 위태로운 배와 같습니다. 막막한 바다 한가운데에서 무작정 노를 젓는 것은 위험

합니다. 방향을 바로 잡고 가야 할 필요가 있습니다.

방황한다는 말은 "열심히 살지 않는다"는 것을 뜻하지 않습니다. 열심히 살고 성실하게 살아도 "목적이, 방향이 없는 것"을 말합니다.

이스라엘 백성에게는 안내자가 필요했습니다. 광야는 내 마음대로 가는 곳이 아니기 때문에 그렇습니다. 우리의 인생도 내 마음대로 사는 것이 아니기 때문에 안내자가 있어야 합니다.

광야를 지나는 이스라엘 백성에게 구름 기둥과 불 기둥은 안내자 역할을 했습니다. 구름 기둥이 멈추면 이스라엘 백성도 멈추어야 했고, 구름 기둥이 움직이면 이스라엘 백성도 움직일 수밖에 없었습니다.

많은 사람들이 복을 받지 못하는 이유는 이처럼 움직여야 할 때 움직이지 않고, 움직이지 말아야 할 때 혼자 움직이기 때문입니다. 하나님의 뜻에 따르지 않고 제멋대로 가다가 낭패를 당하고 절망하고 좌절하는 것입니다.

이스라엘 백성들이 40년 동안 광야 생활을 하면서도 외롭지 않았던 이유는 하나님께서 그들과 함께 계셨고 또 그들의 갈 길을 친히 인도해 주셨기 때문입니다. 그래서 그들은 그토록 열악한 광야라는 최악의 상황에서도 천국을 만들 수 있었던 것입니다.

구름이 회막에 덮이고 여호와의 영광이 성막에 충만하

매 모세가 회막에 들어갈 수 없었으니 이는 구름이 회막
위에 덮이고 여호와의 영광이 성막에 충만함이었으며
(출 40:34–35).

이 말씀에 나오는 구름은 뜬구름이나 뭉게구름이 아닙니다.
그것은 하나님의 임재와 영광이 가득한 구름입니다.

하나님께서 마지막 때에 세상을 심판하시기 위해 다시 오실
때에는 나팔 소리와 함께 구름을 타고 오실 것입니다. 예수님께서
도 승천하실 때에 영광의 구름 가운데서 하늘로 승천하셨다는 기
록을 볼 수 있습니다. 이처럼 이스라엘 백성들 가운데 덮인 구름
은 하나님의 임재를 동반한 구름입니다.

34절을 보면, 영광이 회막 위에 떠 있는 순간 그 구름에 나타
난 영광은 성막 안으로 들어갔습니다. 이처럼 하나님의 임재가 이
곳에 나타나면 임재는 우리 몸 안으로 들어오게 됩니다. 우리 몸
안에 하나님의 영광이 들어오면 사람들이 우리를 두려워하며 보
게 됩니다.

이것은 마치 모세가 시내산에 올라가서 하나님의 영광을 보
았을 때 사람들이 모세의 얼굴에서 빛이 나 쳐다볼 수 없어서 모
세의 얼굴을 수건으로 덮었던 것과 같습니다. 당신의 얼굴에도 하
나님의 영광의 빛이 임하게 되기를 바랍니다.

성막이 완성되었을 때 영광의 구름이 나타남

그렇다면 하나님의 영광의 구름은 언제 나타납니까?

34절을 보면 '그 후에'라는 단어가 나옵니다. 이 단어는 출애굽기 39장과 40장을 요약하는 말입니다. 이 말은 한마디로 '성막이 완성되었을 때'라고 할 수 있습니다. 성막이 미완성이면 구름이 뜨지 않습니다. 성막이 완성될 때 하나님의 영광의 구름이 나타납니다.

이 성막은 두 가지로 완성되었습니다. 하나는 '순종'이고 또 하나는 '기름 부으심'입니다. 바로 이 두 가지가 축복의 비밀이기도 합니다.

하나님께서는 모세를 산으로 데리고 가서 40일 동안 성막에 대한 자세한 청사진을 스케치해 주셨습니다. 넓이와 길이와 기구와 모형과 색깔까지도 다 가르쳐 주셨습니다. 그리고 그 가르침대로 성막을 지으라고 명하셨습니다.

우리가 집을 짓다 보면 설계보다 방을 좀 넓히고 싶거나 천정을 더 높이고 싶기도 합니다. 이것이 사람의 마음입니다. 그런데 모세와 이스라엘 백성은 하나님께서 시키신 대로 했습니다. 이것이 순종입니다.

이스라엘 자손이 이와 같이 성막 곧 회막의 모든 역사를 마치되 여호와께서 모세에게 명하신 대로 다 행하고(출 39:32).

모든 일을 미리 다 알고 할 수는 없습니다. 일을 다 마치고 나서야 비로소 그 모든 것을 알 수 있습니다. 해 보고 나니까 알게 되는 것입니다. 축복받는 일도 그런 것입니다. 따라서 우리는 하나님께서 시키신 일을 순종과 믿음으로 해야 합니다.

"이것은 하나님께서 해 주실 것이니까 이 길로 가면 분명할 것이다"라고 믿고 그냥 가야 합니다. 그러면 "와 보니까 정말 내가 순종하기를 잘했구나"라고 말하게 될 것입니다. 인생이 그런 것입니다.

또 출애굽기 39장 42-43절을 보십시오.

여호와께서 모세에게 명령하신 대로 이스라엘 자손이
모든 역사를 마치매 모세가 그 마친 모든 것을 본즉 여호
와께서 명령하신 대로 되었으므로 모세가 그들에게 축
복하였더라.

'명령하신 대로'라는 말이 중요합니다. '내 소견대로'가 아닙니다. 사람에게는 모두 자기 의견이 있습니다. 그러나 하나님의 뜻에 귀 기울이지 않고 자기 의견만 믿으면 낭패를 당하게 됩니다.

성경에서 가장 어두운 역사는 자기 소견대로 행했던 '사사 시대'입니다. 사사 시대 사람들은 하나님의 뜻대로 행하지 않고 자기

소견대로, 자기 방법대로, 자기 경험대로, 자기의 세상 지혜대로 행했습니다. 그렇게 하면 좋을 것 같지만 그들은 결국 망하게 됩니다. 하나님께서 시키신 대로, 명하신 대로 충성하고 따라가야 합니다.

하나님은 노아에게 배가 아니라 방주를 지으라고 하셨습니다. 그냥 배를 지으라고 했으면 세상에서 흔히 볼 수 있는 배를 만들었을 것입니다. 그러나 보통 배와는 크기와 모양이 전혀 다른 방주를 지으라 하셨을 때 얼마나 놀라고 당황했겠습니까? 그러나 그는 순종하여 방주를 지었습니다. 아브라함도 "네 친척 아비의 집을 떠나라"는 하나님의 말씀을 듣고 친척과 그의 배경이 되는 고향을 떠났습니다. 이것이 믿음이며 순종입니다.

모세와 이스라엘 백성은 하나님께서 성막을 지으라고 명령하신 대로 지었습니다.

"왜 여기에 집을 지을까? 왜 여기에는 방을 만들었을까? 도대체 이해가 안 돼! 왜 이 모양일까? 왜 번제단을 만들까? 왜 물두멍을 만들까? 왜 향단을 만들까? 도무지 이해가 되지 않아."

그들은 이렇게 말하지 않았습니다. 왜냐하면 하나님께서 그렇게 하라고 하셨기 때문입니다. 하나님께서 그렇게 말씀하신 이면에는 놀라운 하나님의 비밀이 있다는 것을 알았기 때문입니다.

우리는 하나님께서 우리에게 하라고

우리가 집을 짓다 보면 설계보다 방을 좀 넓히고 싶거나 천정을 더 높이고 싶기도 합니다. 이것이 사람의 마음입니다. 그런데 모세와 이스라엘 백성은 하나님께서 시키신 대로 했습니다. 이것이 순종입니다.

하신 것을 다 이해할 수는 없습니다. 왜 그렇게 하라고 하시는지 그 뜻을 다 알 수 없습니다. 그렇지만 분명히 알 수 있는 것은 "이것은 하나님의 뜻이다"라는 사실입니다. 그렇다면 그대로 믿고 따라야 합니다.

우리 교회는 한동 대학교를 돕는 것이 하나님의 뜻이라고 믿었기 때문에 많은 재원을 투자했습니다. 상식적으로는 있을 수 없는 일입니다. 그러나 지금 생각해 보면 그 일은 제 생애에 가장 보람 있고 중요한 일이었습니다. 그리고 시간이 갈수록 잘한 일이라는 분명한 확신이 들었습니다.

당신도 축복을 받고 싶습니까? 그러면 하나님의 말씀에 순종하십시오. 기도하다가 하나님의 뜻이라고 판단되면 순종하십시오. 성령님께서 그것이 인간의 뜻인지 하나님의 뜻인지 가르쳐 주십니다.

생각을 많이 하지 말고 기도를 많이 하십시오. 밤마다 이 생각 저 생각으로 잠을 이루기 힘든 분들은 5분만 무릎 꿇고 기도하면 마음이 편안해집니다. 걱정되는 일이 있다면 고민하지 말고 기도하기 바랍니다.

성전 모든 기구를 거룩하게 하는 기름 부으심이 있어야

하나님께서 지시한 대로 모두 순종했다고 구름이 떠오릅니까? 그렇지 않습니다. 한 가지가 더 필요합니다.

> 또 관유를 가져다가 성막과 그 안에 있는 모든 것에 발라
> 그것과 그 모든 기구를 거룩하게 하라 그것이 거룩하리
> 라 너는 또 번제단과 그 모든 기구에 발라 그 안을 거룩
> 하게 하라 그 제단이 지극히 거룩하리라 너는 또 물두멍
> 과 그 받침에 발라 거룩하게 하고(출 40:9-11).

계속해서 출애굽기 40장 13절을 보십시오.

> 아론에게 거룩한 옷을 입히고 그에게 기름을 부어 거룩
> 하게 하여 그가 내게 제사장의 직분을 행하게 하라.

이는 굉장히 중요한 명령입니다. 시키신 대로 모두 순종했더니 하나님께서 우리가 성령의 기름이라고 믿는 관유를 모든 기구에 다 바르라고 하십니다. 번제단과 물두멍과 심지어 제사장의 옷에까지 바르고, 14절을 보면 제사장의 아들에게까지도 기름을 바르라고 하셨습니다.

'기름을 바른다'는 것은 '거룩함으로 구별한다'는 뜻입니다. 하나님께서는 우리 모두에게 기름 붓기를 원하십니다. 제가 이 본문을 발견한 뒤부터는 설교 노트에도 기름을 바릅니다. 마이크에

도 기름을 바릅니다. 하나님께서 쓰시는 것이기 때문입니다. 기름을 발라야 기적이 일어납니다.

에스겔서에서 나오는 해골 골짜기의 말씀에서도 순종할 때 일어나는 역사가 등장합니다. 말라 버린 뼈들이 잔뜩 있었는데, 하나님께서 에스겔을 그 골짜기에 데리고 가셔서 이렇게 말씀하셨습니다.

"뼈들에게 명하기를 뼈들아 살아나라 하라."

이에 에스겔이 명을 좇아 하나님의 말씀을 대언하였습니다. 그러자 뼈들이 소리를 내면서 다 제짝을 찾았습니다. 그 다음에 힘줄이 붙고 살이 붙고 가죽이 붙었습니다. 뼈들이 변하여 사람이 된 것입니다. 그러나 그 사람들은 움직이지 않았습니다. 아직 시체에 불과했습니다.

그때 하나님께서 또 명령을 내리라고 하십니다.

"동서남북에 있는 생기들아 이 사망당한 자들에게 들어갈지어다."

에스겔이 명령을 내렸더니 사방에 있는 생기가 시체 같은 사람들에게 들어갔습니다. 그러자 그 사람들이 벌떡벌떡 일어났습니다. 그리고 군대를 이루었습니다.

이것이 회복에 대한 유명한 환상입니다. 이스라엘 백성들은 5천 년 동안 이 말씀을 붙들고 살았습니다. 하나님께서 이스라엘을 회복시켜 주실 것이라는 예언의 말씀을 믿고 지금까지 생존해

왔습니다. 이스라엘을 버티게 하는 힘이 바로 이 회복의 힘입니다.

그런데 그것은 뼈만 모였다고 되는 것이 아닙니다. 거기에 생기가 들어가야 합니다. 마찬가지로, 성전에 모든 기구가 만들어 졌다고 되는 것이 아닙니다. 거기에 기름 부으심이 있을 때 성전은 완성됩니다.

이 내용이 출애굽기 39장과 40장에 있습니다. 이 일이 다 끝난 후에 하나님의 영광의 구름이 나타나기 시작한 것입니다.

광야에 사는 우리도 정말 하나님의 축복을 받기 원한다면 자신의 성전을 완성해야 합니다. 그 성전은 순종과 기름 부으심이 있어야 완성됩니다. 그때 하나님의 영광이 성전 위에 떠오르기 시작하고 성전 안에는 하나님의 영광이 가득 차기 시작하는 것입니다.

복 중의 복은 무엇일까요? 물론 쓴 물이 변해 단물이 되는 것도, 만나를 주신 것도, 원수의 손에서 구해 주신 것도 복입니다. 그리고 바위에서 샘물이 나는 것도, 말씀을 주신 것도, 성막을 받은 것도 모두가 다 복입니다.

그러나 '복'은 무엇을 소유했다고 해서 얻어지는 것이 아닙니다. 대부분의 사람들은 행복은 소유라고 생각합니다. 그래서 어떤 사람은 물건을 소유하기 원합니다. 어떤 남자는 여자를 소유하면 행복한 줄로 압니다. 그러나 그렇지 않습니다. 억지로 가져온 것은 행복하지 않습니다.

진짜 행복은 하나님을 만나는 것입니다. 하나님을 경험하는 것입니다. 진정한 행복은 무엇을 소유했느냐에 있는 것이 아니라 누구와 함께 있느냐에 있습니다.

사랑하는 사람과 함께 있는 것이 행복입니다. 그리고 무엇보다 가장 큰 행복은 하나님과 함께 있는 것입니다. 하나님을 경험하고 하나님의 임재 안에 들어가는 것입니다. 내가 하나님의 영광 가운데 들어갈 수만 있다면 그것보다 더 본질적인 복이 어디에 있겠습니까?

우리 모두 하나님의 임재 가운데 들어가기를 바랍니다. 하나님의 음성을 들으며, 그분의 영광을 경험할 수 있게 되기를 바랍니다.

하나님의 임재와 하나님의 영광은 성소 안에 있었습니다. 순종과 기름 부으심으로 성전을 완성했을 때 구름이 뜨기 시작한 것입니다.

35절을 보면 회막에 구름이 덮였을 때 여호와의 영광이 성막에 충만하여서 모세가 회막에 들어갈 수 없었을 정도였다고 했습니다.

저는 이 마지막 축복인 구름 기둥과 불 기둥의 축복이 당신에게 나타나기를 간절히 원합니다. 왜냐하면 이 세상은 너무나 살기 어려운 곳이기 때문입니다. 사탄이 주는 고통과 배신과 배고픔과 갈등과 이기주의와 폭력이 세상을 지배하고 있기 때문에 하나님의 구름 기둥과 불 기둥이 없다면 우리는 한 순간도 제정신을 차리고 살 수 없을 것입니다.

구름 기둥, 불 기둥으로 보호하시고 인도하시는 하나님

구름이 성막 위에서 떠오를 때에는 이스라엘 자손이 그
모든 행진하는 길에 앞으로 나아갔고 구름이 떠오르지
않을 때에는 떠오르는 날까지 발행하지 아니하였으며(출
40:36-37).

축복의 구름이 이제 나타났습니다. 그때 하나님의 임재와 영
광이 함께 나타났습니다. 그런데 그보다 더 놀라운 사건은 구름
이 성막 위에서 움직이기 시작한 것입니다(출 40:36). 구름이 움직이
면 이스라엘 백성들은 짐을 꾸리기 시작합니다. 왜냐하면 떠나야
하기 때문입니다. 그러나 지겨워서 떠나고 싶어도 구름이 움직이
지 않으면 절대로 떠나지 않았습니다.

이것이 그리스도인의 삶의 비결입니다. 하나님이 움직이시면
당신도 움직이십시오. 하나님이 멈추시면 당신도 멈추십시오.

그러나 우리는 내가 먼저 간 후에 하나님은 나중에 따라오라
고 합니다. 일은 우리가 다 저질러 놓고 해결은 하나님보고 하라고
하는 것이 보통 우리의 신앙생활입니다.
순서가 바뀐 것입니다.

우리는 하나님께 축복을 구할 때에도
자신이 몇 가지 종류를 만들어 놓고 그것

진짜 행복은 하나님을 만나
는 것입니다. 하나님을 경험하는 것
입니다. 진정한 행복은 무엇을 소유
했느냐에 있는 것이 아니라 누구와
함께 있느냐에 있습니다.

들 중 한 가지를 달라고 합니다. 그러나 그것은 잘못된 방식입니다. 하나님의 축복 안으로 온전히 들어가십시오. 당신 속에 하나님을 끌어 오지 말고 당신이 하나님을 따라다니십시오.

사실 이 구름 기둥과 불 기둥이 이때 처음 나타난 것은 아닙니다. 출애굽기 14장에도 그에 대한 이야기가 나옵니다. 이스라엘 백성과 모세가 애굽을 탈출한 후 홍해 앞에 섰습니다. 뒤에는 바로의 군대가 무서운 기세로 쫓아오고 있었습니다. 여기서 이스라엘 백성은 절망하고 좌절합니다. 바로 이때 하나님께서 시간을 버시기 위해서 구름 기둥을 보내 주셨습니다. 구름 기둥이 생기자 애굽과 이스라엘이 갈라졌습니다.

구름 기둥은 방향도 가르쳐 줍니다. 위기의 때에 하나님은 이 구름 기둥을 보내 주셔서 우리를 보호해 주실 줄 믿습니다.

이스라엘 백성들이 길이 막혀서 절망하고 있을 때 하나님께서는 그들을 위해 홍해를 육지같이 가르셨습니다. 그리하여 이스라엘 백성은 모두 홍해를 무사히 건넜습니다. 계속해서 바로의 군대가 뒤따라오려 하자 이번에는 하나님께서 불 기둥을 보내 주셨습니다. 애굽 군대 안에 불 기둥을 보내셔서 일대 혼돈을 일으키시고 애굽 군인들이 따라오지 못하도록 막으셨습니다. 이때 하나님께서 구름 기둥과 불 기둥을 사용하시는 것을 볼 수 있습니다.

광야 길을 건너는 인생의 최대 문제는 무엇을 먹을까, 무엇을 마실까, 무엇을 입을까 하는 문제가 아닙니다.

왜 사람들이 자살하는지 아십니까? 가난한 사람들은 자살하지 않습니다. 돈 많은 사람, 권력층, 지식층에 속한 사람들이 자살합니다. 그들은 길이 없다고 생각하기 때문에 자살합니다. 길이 있다고 생각했다면 스스로 목숨을 끊지는 않을 것입니다.

이것을 기억하십시오. 하나님께서는 홍해 가운데에도 길을 만드셨습니다. 길은 반드시 열려 있습니다. 한 길이 막혔다는 말은 다른 길은 열렸다는 말입니다. 막힌 길 때문에 절망하지 마십시오. 길이 막히면 다른 곳을 보십시오. 다른 길은 열려 있습니다. 반드시 하나님께서 당신이 갈 길을 예비하셨습니다.

이 구름 기둥은 예수님과 같습니다. 예수님께서는 "나는 길이요, 진리요, 생명이라"고 말씀하셨습니다. 예수님을 보면 길이 뚫리고 진리가 손에 잡힙니다. 예수님을 보면 생명이 우리 안에서 다시 살아나는 것을 느끼고 경험하게 될 것입니다.

우리 하나님께서 광야를 지나는 이스라엘 백성들에게 낮에는 구름 기둥을, 밤에는 불 기둥을 보내 주셔서 그들을 인도하셨다는 것을 기억하기 바랍니다.

낮에는 여호와의 구름이 성막 위에 있고 밤에는 불이 그 구름 가운데 있음을 이스라엘의 온 족속이 그 모든 행진하는 길에서 그들의 눈으로 보았더라(출 40:38).

지중해에 가 보면 상상할 수 없이 더운 날씨를 만나게 됩니다. 특히 사막은 더욱 그렇습니다. 아무리 시원한 물을 벌컥벌컥 마셔도 소용없습니다. 그런데 일단 그늘 안에 들어가면 그렇게 시원하고 좋을 수가 없습니다.

하나님께서 이스라엘 백성에게 주신 구름 기둥은 바로 그런 그늘 역할을 했습니다. 뜨거운 태양, 사막의 작열하는 열기를 막는 그늘을 드리운 것입니다. 그 그늘 밑에 있는 이스라엘 백성들은 가을 날씨같이 습기도 없는 시원한 산들바람 속에서 광야를 지나게 됩니다.

하나님은 이스라엘 백성을 그렇게 지켜주셨습니다. 이런 축복이 당신에게도 있기를 바랍니다.

성경에서는 '불 기둥'을 "불이 구름 가운데 있다"고 묘사하고 있습니다. 추운 겨울, 호텔에는 로비에서 자동차를 타려고 기다리는 사람들을 위해 사람들의 머리 위쪽에 난로를 달아 놓아서 따뜻하게 해 줍니다.

불이 구름 가운데 있다는 것은 바로 이와 같다고 생각하면 됩니다. 하나님께서 구름 속에 열선을 깔아 온방 장치를 만들어서 그 범위 안에 있는 이스라엘 백성들이 춥지 않고 따뜻하게 쉴 수 있도록 해 주신 것입니다.

이스라엘 백성들은 그렇게 40년을 지냈습니다.

이것이 하나님의 구름 기둥과 불 기둥의 축복입니다. 세상은 파도가 치고 비바람이 불고 눈보라가 칩니다. 그것이 현실입니다. 그러나 하나님께서는 우리가 있는 곳을 보호해 주시고 지켜주시는 줄로 믿습니다.

광야는 거칠고 맹수와 독충이 있어서 사람이 살 수 없는 저주스러운 곳입니다. 하지만 하나님이 함께 하시면 그분이 열선도 보내 주시고 그늘도 만들어 주시고 먹을 것과 물도 주셔서 사람이 살기에 적합한 곳으로 바뀝니다.

광야의 축복 중에서 가장 좋은 것은 하나님만 바라보게 하신 것입니다. 하나님을 바라보지 않으면 그날로 죽게 됩니다. 우리의 인생을 엄밀하게 보면 하나님께서 보호해 주시고 지켜 주시기 때문에 이만큼이라도 살고 있음을 알 수 있습니다. 내 뜻대로 내 잘난 대로 살다 보면 잘될 것 같지만 그렇지 않습니다.

저는 이 구름 기둥과 불 기둥을 보면서 예수님을 발견하게 됩니다. 예수님은 우리의 그늘이 되시고, 구원의 뿔이 되시고, 환난 날의 위로가 되시고, 우리가 절망했을 때 소망을 주시고, 우리가 죄를 지었을 때 용서해 주시고, 우리가 길을 잃었을 때 길이 되시고 등불이 되십니다.

예수님께서는 "나를 본 자는 아버지를 보았고 나로 말미암지 않고는 아버지께로 올 자가 없느니라"고 말씀하셨습니다. 예수님 안에 하나님의 영광이 있습니다.

막힌 길 때문에 절망하지 마십시오. 길이 막히면 다른 곳을 보십시오. 다른 길은 열려 있습니다. 반드시 하나님께서 당신이 갈 길을 예비하셨습니다.

그래서 예수님을 보면 하나님의 영광과 임재를 느낄 수 있지 않습니까? 그렇습니다. 이 구름 기둥과 불 기둥은 우리 삶에 근원과 근거가 되시는 예수님의 예표입니다.

이제 광야 설교를 마칠 때가 가까웠습니다. 다시 말하지만, 광야의 삶은 아름답습니다. 광야의 삶은 저주가 아니고 축복입니다. 광야 자체가 아름답다는 것이 아니라 하나님이 광야에 비밀을 숨겨 놓으셨기 때문에 아름다운 것입니다. 기도의 비밀, 축복의 비밀, 만나의 비밀이 광야에 있습니다. 그것은 밭에서 보물을 발견한 것처럼 좋은 것입니다.

그리고 하나님께서는 우리가 이 광야에서 사는 동안 우리를 겸손하게 만드시고 낮추십니다. 또한 우리의 때를 벗기시고 깨끗하게 하사 우리를 축복의 그릇으로 만드셔서 젖과 꿀이 흐르는 땅으로 들어가게 하십니다. 그 광야에서 하나님의 축복을 맛보며 살 수 있도록 하나님께서는 우리를 축복하고 지켜 주십니다.

저는 이 광야의 삶을 봅니다. 하나님께서는 쓴 물이 변하여 단물이 되게 하시고, 만나와 샘물을 주시고, 원수를 막아 주시고, 성막을 주시고, 구름 기둥과 불 기둥을 주셨는데, 결국은 하나님께서 주신 이 모든 것 가운데 바로 예수 그리스도가 계셨음을 알 수 있습니다.

쓴 물에 나무를 던졌더니 단물이 되었습니다. 여기서 나무 십자가를 생각했습니다. 예수님이 가는 곳마다 쓴 물이 변하여 단물이 되는 줄 믿습니다. 죄인이 변하여 의인이 되는 줄 믿습니다. 저주가 변하여 축복이 되는 줄 믿습니다.

광야에서 하나님이 만나를 비같이 내려 주셨는데, 그 만나가 바로 생명의 떡인 예수님입니다. 또 바위에서 샘물이 나왔습니다. 예수님은 영원히 목마르지 않는 생수입니다.

또 아말렉 군대가 이스라엘을 공격을 했을 때 여호수아는 전쟁에 나가고 모세는 중보 기도를 했습니다. 예수님은 지금 하늘에서 하나님 우편에 앉아 우리를 위하여 중보 기도를 하고 계십니다. 모세가 중보 기도를 했듯이 우리가 위기를 만날 때마다 기도하고 계십니다. 사도행전을 보면 스데반이 죽을 때 예수님이 서 계셨다고 했습니다. 너무 급할 땐 예수님이 서 계시기도 합니다.

율법의 완성자는 곧 예수 그리스도입니다.

말씀이 육신이 되어 우리 가운데 거하시매 우리가 그의 영광을 보니 아버지의 독생자의 영광이요 은혜와 진리가 충만하더라(요 1:14).

말씀이 곧 하나님이신데 그분이 곧 예수님입니다. 율법을 주셨다는 말은 예수님을 주셨다는 말과 같습니다.

성막을 생각해 보면 성소와 지성소

광야의 삶은 저주가 아니고 축복입니다. 광야 자체가 아름답다는 것이 아니라 하나님이 광야에 비밀을 숨겨 놓으셨기 때문에 아름다운 것입니다.

사이에 십자가가 있고 지성소에는 예수님의 보혈이 있습니다. 성막의 전부는 예수 그리스도입니다. 예수 그리스도 때문에 용서함을 받고 예배가 이루어지는 것입니다.

구름 기둥과 불 기둥으로 인도하시는 예수님

이렇게 보면 광야 같은 세상에서 발견할 분은 오직 한 분밖에 없습니다. 바로 예수님입니다.

저는 사막에서 물이 나오는 장면을 이렇게 그려 보았습니다. 생수나 맥주 광고처럼 사막에 식탁이 있습니다. 그 식탁에는 사막에서 나온 물이 올려져 있습니다. 저는 이것을 "예수님이 사막에 준비한 식탁"이라고 생각했습니다.

지난번 로스앤젤레스를 방문했을 때 교인 한 분을 만났습니다. 그분께 "어느 교회에 나가느냐"고 물었더니 "광야 교회에 나간다"고 대답했습니다. 이름이 인상적이어서 "그게 무슨 교회냐"고 물었더니 다음과 같은 이야기를 들려주었습니다.

로스앤젤레스에는 자동차를 타고 한 시간 정도 가면 사막이 있는데, 어떤 목사님이 그 광야에 교회를 세웠답니다. 그래서 주일이면 자동차를 타고 허허벌판인 광야로 나간다는 것입니다. 광야에 가면 따뜻하고 기분이 굉장히 좋다고 합니다. 풀 한 포기 없이 오직 모래만 있는데 모래밭에서 20-30명이 모여 예배를 드린답니다. 참 멋있는 그림이라고 생각했습니다.

먹을 것도 없고 마실 것도 없는 광야에서 예수님이 시원한 샘물과 만나와 포도주와 떡을 잔뜩 차려 놓으시고 당신을 초대하십니다.

목말라서 사막을 기어오는 아이들, 안데스 산맥에서 비행기 추락으로 길을 잃은 사람같이 갈증으로 혀가 다 타고 온몸은 피투성이가 된 채 굶주린 사람들을 위해 예수님은 광야에 식탁을 차려 놓으시고 그들을 환영하시는 것입니다.

"여러분을 초대합니다. 이곳에 오셔서 목을 축이시고 굶주림을 채우십시오."

이것이 바로 광야의 식탁입니다.

지금 이 식탁으로 와서 주님이 베풀어 주신 음식을 먹지 않겠습니까? 그것을 먹고 용기를 얻고 힘을 내지 않겠습니까?

우리는 광야 같은 세상에서 살다가 언젠가는 젖과 꿀이 흐르는 땅으로 가게 됩니다. 그러나 지금 우리가 살고 있는 현실은 광야입니다. 그렇다고 두려워하거나 놀라지 마십시오. 우리의 대장 되신 예수 그리스도가 우리를 인도하고 계십니다. 불꽃같은 눈으로, 구름 기둥과 불 기둥을 통해 당신을 인도하십니다.

순종하십시오. 성령의 기름 부음을 받으십시오. 그러할 때 하나님의 예비된 축복이 당신의 삶에 충만할 줄로 믿습니다.

기 도

하나님 아버지,

하나님께서는 광야 같은 삶을 살아가는 저희들에게

식탁을 예비하시고,

목마른 저희들에게 샘물을 주시고,

배고픈 저희들에게 먹을 것을 주셨습니다.

또한 우리가 외롭지 않도록 주님께서는

우리에게 말씀과 성막을 주시고

구름 기둥과 불 기둥을 보내 주셨습니다.

하나님,

우리 성도들이 이 복을 누리고 승리하며 살게 하소서.

예수님의 이름으로 기도합니다.

아멘.